Véritable Prêtre.

P. 1831.

LE VÉRITABLE PRÊTRE

SELON L'ÉVANGILE,

OU

MÉMOIRE

SUR LES DÉBATS SURVENUS

ENTRE

LE CURÉ DE CIRES ET DE MELLO

ET

LES DEUX MAIRES DE CES COMMUNES.

LE VÉRITABLE PRÊTRE

SELON L'ÉVANGILE,

ou

MÉMOIRE

A CONSULTER

SUR LES DÉBATS ARRIVÉS

ENTRE **M. JUIN**, CURÉ DE CIRES ET DE MELLO,

D'une part,

ET **MM. LEBOEUFFLE** ET **ANCEL**,

MAIRES DES DEUX COMMUNES,

D'autre part.

PAR **M.** . . . .

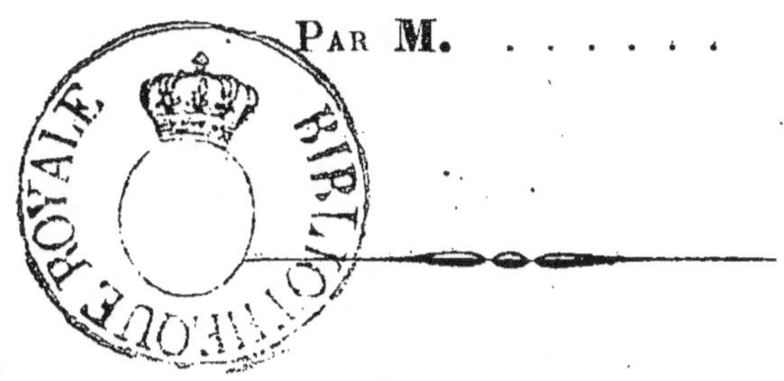

Paris.

CHEZ TOUS LES MARCHANDS DE NOUVEAUTÉS.

1831.

Paris. — Imprimérie d'Herhan, rue St-Denis, n° 380.

PRÉFACE.

Ceux qui me connaissent ne m'accuseront pas d'a-
voir composé ce *Mémoire* pour faire ma cour à
M. Juin. Voici près d'un an que cet ecclésiastique
était dans le pays, et je me suis tenu constamment
éloigné de lui. Jamais je n'avais été chez lui, jamais
je ne lui avais parlé encore, ni fait parler, lorsque je
fis ce *Mémoire*. Je ne me sentais aucun penchant pour
M. Juin, ni pour aucun prêtre quelconque.

J'aime la justice; tout ce qui la blesse me révolte.
Or, j'ai vu qu'à l'égard de M. Juin, elle a été indi-
gnement violée et foulée aux pieds. On s'est conduit
envers cet ecclésiastique avec tant de fureur, tant de
passion, de bassesse et d'aveuglement, tandis qu'il
n'opposait à ses injustes ennemis que douceur, pardon des injures, service, procédés pleins de délicatesse, que je n'ai pu tenir à un pareil spectacle. J'ai
senti mon cœur bondir; un sentiment irrésistible d'é-
quité naturelle m'a entraîné à prendre la défense du
faible opprimé.

Quoique sous l'impression d'une idée forte et en-
traînante, j'ai écrit ce *Mémoire* avec modération, me
contentant d'exprimer les faits, sans insulter cette
poignée d'hommes audacieux et méchans qui fon-
daient, sur la destruction de M. Juin, l'espérance

d'une popularité immense. Ils se sont abusés : ils n'ont partout recueilli que le mépris et l'aversion universelle. J'avertis le lecteur qu'il trouvera moins de calme dans les notes qui accompagnent le texte. En voici la raison, le *Mémoire* était fait : la cabale, dont je retrace les violences, loin de se calmer, redoublait ses fureurs et ses outrages contre un homme dont le calme et la constance, au milieu d'une atroce persécution, allaient jusqu'à l'héroïsme. L'indignation publique était au comble : c'est alors que les notes furent ajoutées au texte, elles se ressentent de l'agitation des esprits. Elles sont pleines de faits incontestables, mais dont je laisse la responsabilité à la voix publique qui me les a transmis.

Sans doute que les antagonistes passionnés de M. Juin essaieront de répondre et de dénigrer des faits qui sont à la connaissance de toute la population. J'avoue qu'ils sont passés maîtres dans l'art du mensonge et de la calomnie; mais la chose leur réussira mal, je les préviens qu'aussitôt leur réponse, un nouvel écrit plus étendu que celui-ci, un nouvel écrit où l'on fera connaître les antécédens et toutes les turpitudes des principaux chefs de cette cabale, de ses fauteurs, de ses soutiens, sera livré à la publicité. Des magistrats et des hommes, que leur fortune élève au-dessus des autres classes, se trouveront compromis dans l'affaire; j'en suis fâché, mais il faut que justice soit faite. La vérité doit percer les nuages dont les méchans l'environnent à dessein. M. Juin est un homme paisible qui ne se mêle que de son ministère; soumis à tous les gouvernemens, il suit la doctrine de saint Paul qui commande l'obéissance à ceux qui gouvernent, bons ou mauvais. Ses adversaires, après avoir fait du libéralisme à tort et à travers, se sont jetés à la suite d'un riche financier, dans le juste milieu; aujourd'hui ils retournent au carlisme qu'ils avaient professé avec éclat et même avec une sorte d'impudence sous le régime tombé. Parmi ces hommes, il s'en trouve, dit-on, qui sont coupables de vols, d'escroqueries, d'exactions révoltantes : tout sera dévoilé dans le second écrit que j'annonce.

La composition de ce *Mémoire* était achevée depuis plusieurs jours. J'étais comme décidé à n'en point faire usage; je me flattais encore que, maintenant que M. Juin est dans une autre paroisse, les choses s'arrangeraient d'elles-mêmes; mon espoir a été trompé. Les ennemis de M. Juin se sont livrés à mille extravagances depuis son départ; ils l'outragent, ils l'insultent de cent manières différentes dans leurs entretiens; ils vexent la population; ils chantent victoire.

Deux soi-disant médecins, un ancien prêtre marié, et deux maires, qui, à raison de leur caractère d'hommes publics, devraient s'opposer à tout ce qui est susceptible de troubler l'ordre et la paix, sont les premiers à pousser leurs partenaires aux provocations : c'est dans ce sens qu'ils ont, comme on le verra dans le *Supplément*, fait sonner toutes les cloches pendant une demi-journée et donné un bal en signe de réjouissance, aussitôt après le départ de M. Juin. Tous les sonneurs et marguilliers de Cires, soupçonnés d'attachement pour le curé parti, ont été destitués par la cabale *buvante* et *chantante*. Il y a eu un affreux scandale dans l'égl se et même des orgies révoltantes; en même temps la caisse municipale parcourait le pays pour annoncer le bal.

Je ne puis raconter ici les plaisanteries, les traits piquans et les opprobres auxquels les gens paisibles sont exposés. Il est impossible de tenir plus long-temps à des vexations si atroces ; je cède, je livre mon *Mémoire* à l'impression.

LE VÉRITABLE PRÊTRE

SELON L'ÉVANGILE,

OU

MÉMOIRE

A CONSULTER

SUR LES DÉBATS ARRIVÉS

ENTRE **M. JUIN**, CURÉ DE CIRES ET DE MELLO,

D'UNE PART,

ET **MM. LEBOEUFFLE** ET **ANCEL**,

MAIRES DES DEUX COMMUNES,

D'AUTRE PART.

~~~~~~~~~~~~~~~~~~~~~

J'avais hésité à décrire les troubles et désordres qui déchirent le sein des communes de Cires et Mello depuis la mort de M. le curé Redon, affligent profondément les amis de l'ordre et de la justice, brisent les liens sociaux et compromettent même les intérêts de quelques honnêtes gens ; mais j'ai cédé à ce désir irrésistible dans l'intérêt de la vérité, sans laquelle il ne peut y avoir ni ordre ni justice. Je vais donc essayer de tracer, avec la plus scrupuleuse exactitude et le plus succinctement possible, les faits et les circonstances des scènes fâcheuses qui se passèrent dans ces deux communes. Je n'entends faire l'apologie ni l'outrage de personne. Je ne veux me rendre que l'organe de la vérité.
~~~~~~~~~~~~~~~~~~~~~

Depuis très long-temps les communes de Mello et de Cires avaient été desservies par un seul prêtre, M. Redon. On sait que cet ecclésiastique montra toujours plus d'attachement pour Cires que pour Mello, et que néanmoins ce fut pendant son exercice que l'église de Cires fut annexée à celle de Mello. On assure qu'il coopéra à cette réunion, ce qui est plus que probable ; je n'en puis expliquer le motif ; mais s'il en est ainsi, il faut convenir qu'il n'a pas favorisé la commune de Cires de toutes les manières. Toutefois il est à remarquer que l'antipathie qui existe depuis long-temps entre les deux communes était alors bien étrangère à l'annexe de l'église de Cires et même au mode d'exercice de M. Redon; mais lorsqu'on apprit cette réunion dans cette dernière commune, réunion qui était généralement ignorée, l'antipathie préexistante s'aggrava et devint plus vive (1). Ce fut au décès de l'ancien curé qu'on acquit cette connaissance ; M. Féron, curé de Bury, desservit la cure avant et après le décès de M. Redon qui, dans sa maladie, l'avait choisi à cet effet. On se rappellera que ce jeune curé convoitait ardemment les cures de Mello et Cires et qu'il fit, pour les avoir, bien des démarches qui restèrent infructueuses, malgré les vœux apparens d'un certain nombre d'habitans qui, sous l'influence de M. et de madame Lebœuffle, adressèrent à l'évêché une demande à ce sujet. Qu'on se rappelle aussi que dans cette demande on relata l'antipathie qui divisait les deux communes, de sorte qu'il n'est pas juste d'en faire réfléchir aujourd'hui la cause sur M. Juin, comme on l'annonce positivement dans une dernière demande qui tend à obtenir son départ. Il n'y a là ni loyauté ni franchise ; il n'y a non plus ni raison ni exactitude (2). Je dis

(1) On assure que l'antipathie citée existe depuis plus de trois cents ans : c'est au point que depuis cette époque les enfans de Cires et ceux de Mello se réunissent souvent sur les confins des deux communes et se battent, ce n'est que depuis un ou deux ans que cet usage barbare a été moins fréquent.

(2) Dans une pétition faite sous l'influence de MM. Ancel et Lebœufle, et dictée par le premier, l'on a eu la mauvaise foi d'attribuer à M. Juin les divisions qui existent de temps immémorial dans le pays. Les motifs du sieur Ancel et de ses principaux acolytes, les médecins *Legrand* (qui n'ont la confiance de personne), ont été de se rendre populaires, ils n'ont pas réussi : Les honnêtes gens se sont indignés de cette basse et lâche conduite, de sorte que les médecins *Legrand* sont aujourd'hui plus délaissés que jamais, et que l'étude du sieur Ancel devient déserte : l'injustice et la déloyauté déshonorent toujours. *Avis aux intrigans.*

une demande, c'est plutôt une dénonciation ; on y remarque la contradiction la plus manifeste avec la première dont je viens de parler, surtout à cause de l'antipathie dont on le dit injustement l'artisan. Il n'y a pas non plus d'accord avec la pétition adressée par la commune à M. le ministre des cultes, pour faire ériger l'église en succursale. Je fais précéder de quelques préliminaires, que je crois utiles, le détail des scènes que j'ai à décrire, je ne crois pas faire digression, vu la connexité. Les efforts réunis de MM. Féron et Lebœuffle, auxquels se joignirent une quinzaine d'habitans, les uns par condescendance, les autres égarés par de mauvais conseils et de perfides insinuations, ne furent pas couronnés de succès : on ne reçut aucune réponse satisfesante. Ce n'était pas M. Féron qu'on voulait envoyer, et il eût peut-être été à désirer que le choix fût tombé sur lui, car il était du goût de M. et surtout de madame Lebœuffle qui auraient certes, par l'intimité qui les liait, empêché les troubles dont les suites déplorables font gémir la société (1).

Il paraît que les démarches de ce jeune prêtre lui attirèrent un changement qui ne lui fut pas agréable, puisqu'il réclama contre cette mesure, avec plusieurs habitans de Bury, mais encore sans aucun succès. L'autorité ecclésiastique avait prononcé, et ne voulut pas revenir. Ce fut d'abord M. le curé d'Apprémont qui fut appelé à la cure de Mello et Cires. Il vint dans ces deux communes pour s'annoncer. M. Lebœuffle, maire de Cires, le détourna, en le prévenant de mauvaises dispositions contre lui de la part des habitans qui, disait-on, voulaient M. Féron. Le curé d'Apprémont se laissa persuader et effrayer, il se retira donc pour rester à Apprémont. J'avoue qu'il eut parfaitement raison, s'il eût dû, comme M. Juin, éprouver les mêmes obstacles, et lorsque

(1) La pétition dont il est ici question fut renvoyée à l'évêché de Beauvais par le ministre des cultes. Dans cette pétition, signée des habitans de Cires, on reconnaît que M. Juin a été insulté sans l'avoir mérité, et que les divisions qui existent entre les deux communes sont antérieures à son arrivée. Comment donc se fait-il qu'on soit aujourd'hui assez injuste ou assez oublieux pour les lui attribuer ? On voit ici l'intention de la haine, *calomnier pour détruire*. L'évêché, pour des raisons très sages, refusa ce que la cabale de Cires sollicitait pour M. Féron. Dès lors la cabale se détermina à chasser tous les prêtres qui viendraient, afin que la résistance opiniâtre et la permanence du désordre forçassent l'autorité ecclésiastique à donner M. Féron. Ainsi une famille a fait ici tout le trouble dans le but d'imposer l'homme de son choix à une population de dix-huit cents ames, fort indifférente sur cet article. Cette famille, ruinée, a tant intrigué qu'elle est parvenue à s'associer tous les brouillons du pays.

surtout il se trouvait placé. Cependant il y a, en quelque sorte, de la pusillanimité à reculer devant des obstacles que la raison condamne. A son défaut, M. Juin fut nommé, et il se présenta dans les deux communes pour exercer comme l'ancien curé; il fut d'abord accueilli à Mello, mais il n'en fut pas de même à Cires; une cabale se forme, ayant pour but de s'opposer à son installation. Arrive le dimanche où M. Juin doit se présenter à l'église pour la première fois, c'était le 10 octobre 1830 (1); des dispositions étaient prises pour l'empêcher d'officier. Afin de faire réussir ce projet aussi inconsidéré qu'insensé, et pour réunir un groupe considérable de personne, on fit, contre toute espèce d'usage et de convenance battre la caisse dans le pays. Une intrigue occulte préparait une scène; la cloche d'alerte sonna en même temps que la caisse, et la foule assiégea le temple divin pour y réaliser le projet du plus grand scandale. Il convient d'excepter de cette foule un nombre considérable de personnes qui étaient venues pour l'office, et d'autres que la curiosité avait attirées, mais qui se conduisirent avec calme et décence. Le lieu consacré à la prière devint le théâtre du désordre. Il faut pourtant rendre justice aux bonnes gens qui formaient le groupe, car elles croyaient agir pour la plupart avec droit et raison, et ce qui pouvait les confirmer dans cette pensée, c'est qu'elles agirent d'abord sous le silence de l'autorité locale. En effet, M. Lebœuffle était présent et il ne fit rien, soit pour le maintien, soit pour le rétablissement de l'ordre. Il est bien évident que sa présence n'avait pas pour but ce devoir important, puisqu'il n'interposa en aucune manière l'autorité que la loi lui confie, et dont les personnes sages et calmes qui s'y trouvaient, enviaient la prérogative et l'exercice (2). Au lieu de prendre une mesure d'ordre, il se retira lorsque le feu fut bien allumé, et laissa éclater le désordre qui devint de plus en plus grave et affligeant, tandis qu'il devait le faire cesser et qu'il pouvait même l'empêcher de naître. Jusque là les habi-

(1) Il était arrivé la veille, qni était le 9, sur les deux ou trois heures. On ne le connaissait pas; ayant toujours été fort éloigné de l'endroit, il n'avaït pu donner à personne le sujet de le haïr. Deux lettres fort honorables de l'autorité l'annonçaient aux habitans.

(2) Pour ameuter le peuple, cinq ou six hommes criaient tout haut dans l'église, sous les yeux de M. Lebœuffle (placé au banc d'œuvre où il feignait de délibérer *si l'on permettrait* à M. Juin de faire l'office), que le nouveau curé trompait le peuple; qu'il n'avait pas de pouvoirs, et qu'en définitive c'était M. Féron qu'il fallait. Le curé pria M. Lebœuffle de démentir ces propos, il s'y refusa.

tans opposans étaient sans douté bien excusables, et je laisse à penser sur qui devait peser toute la responsabilité des troubles. M. Lebœuffle est connu sous des rapports fort équivoques, pour ne rien dire de plus : je ne puis m'empêcher de dire que sa conduite est, dans ces circonstances, souverainement répréhensible (1); il est certain que ses torts sont réels, c'est de n'avoir pas fait reconnaître et respecter les droits et les pouvoirs de M. Juin et les ordres, de ses supérieurs, de n'avoir pas fait connaître l'impossibilité morale de l'empêcher d'exercer, de n'avoir pas fait connaître le danger qu'il y avait de s'opposer au libre exercice du culte; en un mot, de n'avoir pas éclairé ceux de ses administrés qui agissaient aveuglément et contre l'autorité des lois et du pouvoir; enfin de n'avoir rien fait pour empêcher ou arrêter le désordre. La suite n'a que trop justifié le danger de semblables scènes; j'en parlerai plus loin. M. Lebœuffle se retira donc du foyer du désordre, et le laissa très librement continuer. C'est alors que la France avait reconquis ses droits de liberté, que les patriotes l'avaient sauvée de l'anarchie, et avaient assuré le règne des lois, qu'il se passait, dans l'enceinte d'une commune et même d'un lieu saint, une scène dans laquelle on entravait le libre exercice du culte, dans laquelle chaque individu agissait et parlait à sa manière, se livrait aux licences les plus réprouvées et s'associait à un parti tumultueux. On sait cependant que le véritable motif d'opposition et d'entrave à l'exercice de M. Juin était que l'église fût érigée en succursale avant que M. Juin pût dire la messe (2). Je conviens bien que la réunion de l'église de Cires est une mesure injuste et surprise; qu'on ferait bonne et exacte justice de l'ériger en succursale, titre qu'elle n'eût jamais dû perdre; mais cette circonstance pouvait-elle autoriser un tumulte et des actions hors les limités de la loi et du pouvoir? La charte modifiée

(1) Il a fait juste ce qu'il fallait pour n'être pas pris : il s'est tenu tapi dans l'ombre, tandis que les étourdis, qui s'étaient faits les instrumens de la cabale, agissaient d'une manière ostensible, et s'exposaient aux châtimens des tribunaux.

(2) Les motifs qui firent agir la cabale à la sédition du 10 octobre 1830, c'était: 1° que M. le curé n'ayant pas de pouvoirs trompait le peuple; 2° c'était le desservant de Bury que l'on voulait. A la deuxième sédition du 21 novembre même année, on ne parla que d'avoir la succursale, parce que l'on craignait de trop compromettre le sieur Féron en fesant une deuxième sédition en son nom. En un mot, le but de la famille Lebœuffle était d'avoir M. Féron, et le but du peuple, d'avoir la succursale. A la première sédition, le peuple n'avait pas encore d'idée bien fixe.

de 1830, qui consacre la liberté des cultes comme l'égalité des hommes devant la loi, qui place les cultes sous une égale protection, ne permet d'agir que selon les lois, et n'investit pas indistinctement les hommes du pouvoir de faire justice. Eh quoi! ne vit-on pas des personnes du groupe parler et réclamer le titre de succursale auprès du jeune prêtre avec tempérament et décence? et n'en vit-on pas d'autres parler et crier à tort et à travers, se répandre en invectives et injures contre lui, qu'on outragea sans le connaître? En un mot, ne reçut-il pas les outrages les plus violens que l'homme le plus calme ne pourrait endurer patiemment? Cependant il ne parut pas s'en fâcher. Il leur adressa des paroles de douceur, les exhorta à se calmer, et leur promit de les aider de tous ses efforts pour leur faire obtenir ce qu'ils demandaient, mais ils ne voulurent pas écouter ses promesses; ils persistèrent à s'opposer à ce qu'il dît la messe, persuadés que leur permission était indispensable, et qu'en la lui donnant ils perdraient tout droit de réclamation. Singulière et aveugle idée qui semblait inspirée par un génie infernal qui les conduisait au mal! Il est fâcheux qu'ils n'aient pas su alors, comme ils le savent aujourd'hui, que le prêtre, dans l'intérieur de l'église, en est le chef, en a seul la juridiction, et qu'il n'appartient qu'à l'autorité compétente de lui interdire son ministère. Le maire n'eût-il pas dû les en instruire?

Après avoir vainement épuisé tous les moyens de douceur et de paix pour les calmer et les faire revenir de leurs erreurs, il se retira et les laissa maîtres de l'église. Il est bon de dire que, sorti une première fois, il fut engagé à rentrer par un homme qui lui parut dévoué, et qui un instant après changea de face et devint le plus acharné contre lui. Homme versatile (1)! Après que le curé fut enfin parti, chacun dans le groupe vantait sa conduite et s'applaudissait de ce qu'il avait fait, et plus on avait mis de feu et d'irrévérence dans ses paroles, plus on était admiré. Le tumulte devint si grand, si fort, que le jeune ecclésiastique ne put officier. Il céda et se retira au milieu de l'hilarité générale, de la vexation et de l'ironie la plus grossière. Il alla officier à Mello pour la

____

(1) Ce même homme (nommé M. D.) s'est fait l'un des chefs de la cabale. Depuis cette époque, on le trouve dans les rues, dans les veillées, pérorant contre le curé, qui ne lui a rien fait: malgré son langage grossier et son ignorance, il est parvenu à se faire écouter de cinq à six rustres comme lui.

première fois. On remarqua qu'il était profondément touché et troublé de la scène dont il venait d'être le témoin. On dit qu'il improvisa un discours approprié aux circonstances de cette scène, discours qu'il prononça en chaire, affecté de douleur et les larmes aux yeux. Il parut garder l'espoir que tout se calmerait et il se consolait dans cette pensée, mais il se trompa. Toutefois il ne porta pas plainte, il pardonna tout; il se montra donc tolérant; mais on ne lui tint pas compte de cette conduite sage, prudente et irréprochable; il est certain qu'il voulut se retirer et que quelques personnes de Mello, qui ne se font pas un scrupule de demander aujourd'hui son départ, vinrent avec empressement le trouver au château pour le conjurer de rester. Leurs instances jointes aux ordres de ses supérieurs le firent changer de résolution (1). Je vais parler d'une scène qui eut lieu quelques semaines après et qui fut encore plus furieuse, plus orageuse et plus affligeante.

L'impunité dans laquelle il laissa ses oppresseurs les en-

(1) Il faut ici faire connaître les hommes girouettes qui allèrent en corps au nom des habitans supplier M. Juin de rester: pour l'engager davantage, ils lui firent les plus magnifiques promesses; ils s'engagèrent à lui payer volontairement la somme de 400 francs à titre d'indemnité pour chaque année; aujourd'hui qu'ils ont tourné casaque, ils ont réduit les 400 francs à zéro. Parmi les hommes girouettes qui fesaient alors une cour si assidue et si empressée à M. Juin, se trouvent: 1° M. Édiard père; il s'était, comme adjoint, opposé à ce que le drapeau tricolore fût arboré sur le clocher après les journées de juillet. Le sieur Édiard, ancien valet, ancien cuisinier, jouit aujourd'hui de 4 à 500 livres de rentes; 2° un nommé Montmineau, qui a pour épouse une femme pleine de mérite et pour beau-père un homme fortuné et estimable: le sieur Montmineau ne peut vivre en paix avec des personnes si vertueuses. L'intrigue et les brouilleries, dit-on, lui plaisent uniquement; c'est un ancien militaire: pour donner une idée de sa bravoure, il faudrait raconter son duel avec M. Crémieux, et avec quelle docilité il reçut des soufflets et des coups de bottes, afin de ne pas se battre: en quoi il avait raison : *mieux vaut n'avoir pas tant d'honneur et vivre plus long-temps;* 3° M. *Legrand* jeune; c'est un petit homme de quatre pieds: il exerça la profession de médecin à Gouvieux: il s'en est fait chasser, dit-on; ici, il n'est guère mieux vu, tout le monde lui tourne le dos. Le curé essaya dans le commencement de le réconcilier avec les habitans; pour le récompenser, le sieur *Legrand* s'est, sans motif, réuni à ses cinq ou six dénonciateurs. Lui et son frère, *aussi médecin* très peu en vogue, haïssent M. Juin à mort. L'aîné des frères *Legrand* est marié avec une demoiselle Breban, dont le père, pendant la révolution de 1789, vendit, aux assassins de l'époque, le respectable M. l'abbé Levasseur, ancien curé de Mello. Ce fut, dit-on, au sortir de la table de ce bon prêtre qu'il alla le dénoncer et qu'il le livra au bourreau, pour la somme de 200 francs. Ainsi la haine des prêtres et la persécution sont héréditaires dans cette famille : tous ces faits sont vrais; on fera connaître les autres persécuteurs du curé Juin.

couragea à se porter à une récidive. En effet le 21 novembre, jour de dimanche, sollicité par une infinité de personnes respectables, il revint à Cires pour célébrer l'office et remplir la commission qu'il avait reçue de ses supérieurs. La curiosité attira une multitude de personnes de Cires et de Mello. M. Juin, nouvellement arrivé et ne connaissant encore presque aucun de ses paroissiens, ne comptait sur aucun appui, capable d'inspirer la confiance. Il allait se trouver seul, sans connaissance, sans amis, sans soutien au milieu d'un peuple que l'on cherchait à égarer. Il écrivit, la veille, à M. Lebœuffle pour demander son intervention, dans le cas où il se trouverait eucore quelques perturbateurs. M. Lebœuffle refusa sous de frivoles prétextes. Il aurait même, à ce que l'on rapporte, fait des plaisanteries sur le désordre qui devait avoir lieu le lendemain.

Quoi qu'il en soit, le curé se dispose à officier, mais un groupe se forme de nouveau et s'assemble à l'église. Il fut plus nombreux et le tumulte fut plus furieux que la première fois ; la résistance plus vive, plus opiniâtre, plus offensante et plus scandaleuse que jamais, força le jeune curé à se retirer de nouveau, et l'infamie du désordre fut poussée au point que pour cette fois ils indisposèrent le nouveau pasteur qui, ayant à juste raison perdu patience, dut être irrité et souffrit que le sieur Ediard, adjoint au maire de Mello, portât plainte (1). Il n'est pas possible d'être plus outragé, plus vexé et plus opprimé qu'il le fut. Le temps écoulé depuis la première scène n'avait pas éclairé ni calmé

(1) La lettre que le sieur Ediard écrivit au procureur du roi contre M. Lebœuffle et les autres cabaleurs de Cires, est sanglante. Le sieur Ediard les présente comme des séditieux dignes des plus grands châtimens : si l'on eût écouté ses conseils, les coupables auraient été au moins condamnés aux galères. M. le procureur du roi et M. le sous-préfet ne virent dans le sieur Ediard qu'une tête folle ; cependant ce qui resta de sa lettre suffit pour déterminer le magistrat à sévir. Ce fut chez le sieur Ediard que les témoins déposèrent contre les cabaleurs de Cires, devant le juge de paix. Le sieur Ediard et sa fille exhortaient les témoins en particulier à des dépositions terribles : le sieur Ridoux, instituteur de Cires, fut celui des témoins qui écouta le mieux ces conseils : il chargea d'une manière effrayante les cabaleurs de Cires, et contribua beaucoup à leur perte. Eh bien ! qui croirait qu'aujourd'hui ce même M. Ediard s'est fait l'ami intime des Lebœuffle et des cabaleurs de Cires qu'il poursuivait avec un acharnement horrible ? Autant il montrait de respect et d'amitié à M. Juin, autant aujourd'hui il lui montre de haine et de vengeance. On ne saurait jamais dire le motif d'une versatilité si ridicule, le voici : Le neveu du curé, jeune enfant de treize ans, a mangé, sans permission, pour six liards de raisin sec, chez l'un des fils du sieur Ediard : en vain le curé a offert cent fois la valeur, rien n'a pu apaiser la colère gothique *du bonhomme Ediard.*

les esprits. L'intrigue avait continué son jeu. Quelques personnes lui font aujourd'hui un crime d'avoir menacé de prison ; il rappela, dit-on, les dispositions des lois pénales relatives aux entraves à l'exercice des cultes. D'ailleurs aurait-il fait des menaces, cela se concevrait à merveille ; il lui était bien permis de le faire, ne fût-ce que pour empêcher aucune entrave, ne fût-ce que pour faire respecter les ordres de ses supérieurs, ses pouvoirs et sa personne même. Les observations et exhortations n'avaient pu amener au calme et à la raison : il n'aurait donc pas pour cela des torts, quand même ce serait vrai. Les outrages poussés à l'excès aigrissent toujours le caractère de l'homme. Il n'y a pas d'ailleurs de proportion entre un fait et une menace. La tolérance est certainement une grande vertu, mais elle devient quelquefois dangereuse pour la société, quand elle est poussée trop loin et qu'elle peut servir d'aliment aux égaremens. Les lois et les magistrats en répriment toujours les abus et les excès, lorsque l'ordre et la tranquillité publique sont en danger.

Je dois faire remarquer que M. Lebœuffle, qui eut la précaution de se retirer de la première scène, sans avoir en apparence pris directement part aux entraves à l'exercice du culte, parce que probablement il en connaissait l'inconvénient pour lui, ne se présenta pas à la seconde scène, malgré l'invitation qu'il reçut ; il ne se trouva là aucune autorité pour empêcher le désordre. Abandonné à lui-même dont l'autorité spirituelle était méconnue, le curé fut obligé de céder, et il se retira fort mécontent, après être entré, sorti, et s'être habillé, déshabillé plusieurs fois (1).

Je le demande, qu'avait-il fait alors pour être traité avec tant d'injustice, tant d'irrévérence, tant de mépris et tant d'outrages ? Il n'y avait pourtant pas encore eu ni poursuite ni procès. Qu'avait-il fait à M. Lebœuffle, pour qu'il ne lui donnât pas l'appui de son autorité ? Je le prierai de dire franchement si lui-même, ayant droit d'exercer un ministère, recevrait avec calme, tolérance et sans aucune irritation, des entraves illégales et outrageantes à l'exercice de ses fonctions, surtout par récidive ? J'ai le droit d'en douter.

____

(1) Pendant ce désordre, M. Lebœuffle se promenait dans les rues de Mello et de Cires, se moquant de ce qui se passait à l'église. Lorsque le curé envoya deux fois chercher le sieur Lebœuffle, il fit dire qu'il était à la campagne : *que l'on juge ce maire.*

M. Juin ne fut pas cause de la réunion de l'église; il offrit au contraire son appui pour la faire ériger en succursale; il chercha une seconde fois à convenir à ses paroissiens. Tout fut inutile. On finit par lui faire de mauvaises querelles. Il lui fallut déguerpir une seconde fois. Pour le coup, cette affaire ne s'étouffa pas dans le sein de l'impunité. M. le procureur du roi en fut informé par le canal de M. Ediard, adjoint au maire de Mello. On désigna quatorze personnes comme principaux auteurs des troubles. M. le procureur du roi sévit et les fit traduire en police correctionnelle. Ce magistrat, distingué par son esprit, l'étendue de ses lumières, par la franchise et la droiture de sa conscience, sut bientôt, par de sages informations, que les prévenus avaient agi aveuglément et avec ignorance, ce qu'ils déclarèrent eux-mêmes à l'audience, et à la prière de M. Juin, il adoucit ses conclusions. Le tribunal ne prononça contre eux que des peines de simple police, ayant trouvé des circonstances atténuantes dans l'ignorance avec laquelle ils avaient agi; ce qui put encore contribuer à adoucir le sort de l'affaire, c'est qu'avant le jugement les prévenus, excepté un ou deux qui se trouvaient absens de leurs domiciles au moment des assignations, avaient fait une démarche de repentir auprès du jeune prêtre, avaient invoqué son pardon, et l'avaient supplié d'intercéder pour eux. Il fut vivement touché de cette démarche, et il chercha tous les moyens d'assoupir l'affaire; mais M. Durantin fut inflexible. Il voulut faire donner des peines méritées. Cependant la punition fut modérée. Jusque là quel reproche peut-on faire à la conduite de M. Juin? Peut-on dire avec raison qu'il est cause de tout le mal, quand il ne fut et n'est encore aujourd'hui que victime? C'est une véritable plaisanterie que de lui en attribuer la faute. S'il eût trouvé dans le pays l'appui de l'autorité, on n'eût point eu à déplorer ces scènes de troubles; si l'autorité locale eût sévi, l'affaire ne fût pas arrivée, ou eût été étouffée là et n'eût point été portée en police correctionnelle. Tout eût été pardonné.

Personne plus que moi, sans doute, ne fut plus vivement touché de cette malheureuse affaire. Je l'avoue, je craignais fort que le tribunal ne sévît davantage, et je l'ai loué de sa prudente modération.

J'ai toujours blâmé les scènes dont je retrace les détails; je me suis toujours prononcé franchement; on me dit que *je soutiens les curés*, que je cherche à nuire au pays. Je répondrai à ceux qui m'accusent insolemment : que je respecte ma religion, parcequ'elle est celle de la pluralité des Français, que la Charte la protége, et que le vrai patriote est un homme moral; je leur répondrai que j'aime les lois et que je déteste les abus et les licences. Je leur demanderai si ceux qui n'écoutent ni les lois, ni la voix de la justice et de la vérité, ne seraient pas les seuls qui, par leurs égaremens, désolent la commune et la perdent. Qu'ils se détrompent, c'est moins le clergé que la vérité que je soutiens; je désire qu'elle triomphe et que l'ordre se rétablisse (1). Pour mon pays, je l'aime, j'y suis attaché, je ne pourrais l'outrager. Ce n'est certainement pas nuire à une commune que de blâmer des actions que les lois défendent formellement, et qui blessent la société. Je déclare qu'il m'est bien indifférent que ce soit Pierre ou Jacques qui desserve la commune en qualité de curé, mais je dis que le petit nombre d'habitans qui accusent M. Juin ne sont pas justes à son égard, quand même il aurait eu quelques légers torts envers quelques personnes; celles-ci ne doivent pas en entraîner d'autres pour former un parti contre lui. Pour moi, je ne lui connais aucun tort.

J'ai parlé de M. Féron qu'on avait demandé pour prêtre desservant; qu'eût-il fait s'il eût été admis? Il eût desservi les communes comme M. Redon; l'Eglise fût encore restée annexe; avouons cependant que ce curé n'eût pas éprouvé, comme M. Juin, de troubles dans l'exercice de ses fonctions, et que la foule n'eût pas assiégé l'Eglise pour en outrager la sainteté, car le maire n'eût pas manqué d'interposer son autorité. L'intérêt qu'il vouait au curé de Bury lui eût fait prendre cette mesure d'ordre, que le devoir lui dictait pour le bien public, à l'égard de M. Juin comme de tout autre. Il n'est pas douteux que M. et madame Lebœuffle voulaient qu'on fatiguât et dégoûtât M. Juin pour en venir à leur but, qui était de faire entrer M. Féron. La conduite du maire explique clairement cette intention. La chose était pourtant difficile, et il ne devait plus garder aucun espoir. Sans doute il est permis d'avoir des affections particulières, mais elles ne devaient pas aller jusqu'à souffrir une résistance tumultueuse et illégale à l'exercice de M. Juin, dont

____

(1) D'ailleurs ceux qui m'accusent savent que jusqu'à ce moment jamais je n'avais eu de relations avec M. Juin : je n'allais point chez lui; je m'étais toujours tenu à l'écart; si je parle aujourd'hui, c'est sous l'impulsion de la vérité et de la conscience.

on ne peut sans injustice révoquer en doute les talens, **le** mérite et le caractère plein d'aménité: ce que j'avance à cet égard, ce n'est pas moi, c'est la voix publique qui le dit.

Depuis le jugement de Senlis qui vengea avec la plus grande modération l'honneur outragé, la religion et la société toujours scandalisées des désordres, le calme ne s'est pas encore rétabli. Le désordre au contraire s'accroît. On continue de persécuter le curé. Il a fait tant de mal, qu'il faut le faire chasser à toute fin; ce n'est plus aujourd'hui l'annexe de l'église qui fait agir, c'est une infinité de petits moyens qu'on trouve dans de grossières suppositions; on s'imagine que l'autorité ecclésiastique, seule compétente pour ordonner le changement, va prendre une mesure sur d'aussi misérables moyens. Si la demande qu'on a faite pour son départ était fondée sur des raisons graves, exactes, fortes et plausibles, on ne peut se dissimuler que M. Juin ne pourrait rester; mais il a autant de torts que le premier jour qu'il est arrivé.

Affranchis de la peine d'emprisonnement à laquelle ils étaient certes bien exposés, les quatorze prévenus dont j'ai parlé sont sortis contens du tribunal, et on avait lieu d'espérer que tout se calmerait. En effet, tout ressentiment paraissait étouffé; ils ne montraient plus de rancune, et pourtant ce n'était qu'un dehors séduisant, puisque le lendemain ils reprirent les sentimens d'une implacable vengeance. Que disent aujourd'hui les adversaires de M. Juin? Que tout est de sa faute. On serait en vérité tenté de dire comme eux pour être leur ami; mais la plaisanterie est trop forte, j'en appelle à leur franchise; est-ce là une raison juste et conformes à la vérité? D'autres raisons non moins plaisantes servent de prétexte à leur animosité; ils s'arrêtent à des minuties dont on n'eût jamais murmuré contre tout autre; enfin, il est, disent-ils, vindicatif. Voyons de nouveau sa conduite. Il se présenta une première fois, on l'empêcha de remplir son ministère; il se retira d'un lieu où on l'outrageait sans le connaitre. Il supporta avec patience les mépris dont on l'abreuvait; il revint six semaines après environ. Il reçut une opposition plus vive encore et de nouveaux outrages, il demanda l'appui de l'autorité, il ne put l'obtenir; il fut donc forcé de se retirer une seconde fois: que dut-il faire en pareil cas? ce qu'il fit et ce que cent autres auraient fait, peut-être avec plus de vivacité et moins de ménagemens. Eh! n'at-on pas vu des prêtres, et d'autres personnages à *caractère public,* faire punir et emprisonner des hommes pour des faits bien plus minces, pouvant à peine mériter un reproche? Il me semble encore en entendre murmurer (1).

Le curé n'ayant pas trouvé d'autorité à Cires qui voulût protéger son ministère, dut donc laisser le sieur Ediard porter plainte au procureur du roi. C'est là toute la faute de M. Juin. Il fallait absolument, pour se soumettre aux caprices et à la volonté de certains hommes, qu'il se retirât au lieu d'exécuter les ordres de ses supérieurs. Pourra-t-on croire que c'est le procès qui sert de prétexte aux déclamations et aux persécutions dont il est l'objet? D'abord, après la première scène, l'animosité existait et avait d'autres prétextes inextricables; depuis on en trouve d'autres non moins futiles; je suppose que les quatorze condamnés gardent avec raison une rancune : je veux bien le passer. Mais quel est le

(1) Qu'on se rappelle tous ceux que MM. Lebœuffle, Montmincau et le bonhomme Édiard ont fait punir et emprisonner pour les plus minces causes, et l'on avouera que M. Juin a été cent fois plus doux et plus modéré qu'eux. D'ailleurs, on peut citer des faits nombreux qui prouvent jusqu'à l'évidence que M. Juin, loin d'être vindicatif, a été d'une excessive indulgence. Le 10 octobre 1830, il fut grièvement insulté par la cabale de Cires : il avait des témoins, et pardonna tout. Le 21 novembre suivant, la même cabale vint l'insulter encore et le chasser de l'église : ce ne fut pas M. Juin qui se plaignit, ce fut M. Édiard, adjoint de Mello, qui instruisit le procureur du roi. M. Juin se donna beaucoup de peine pour soustraire les accusés à la prison. Le sieur Boulogne de Cires était un de ceux qui avaient le plus grièvement insulté M. Juin: eh bien! ce même Boulogne eut besoin du secours du curé dans une affaire très délicate, comme nous le dirons plus loin : le curé n'adressa pas le moindre reproche au sieur Boulogne, et s'empressa de faire ce qu'il demandait. M. Ancel s'était fortement compromis par des insultes graves et scandaleuses envers M. Juin ; on exhortait partout celui-ci à faire flétrir le sieur Ancel par une condamnation; tout devait y porter le curé: le sieur Ancel s'était fait gratuitement son ennemi acharné; il le dénonçait, le poursuivait avec fureur, allait partout lui susciter des ennemis. Rien n'a pu déterminer M. Juin à la vengeance; il a tout pardonné, et son adversaire, au grand étonnement du public, ne lui en tient aucun compte. Dans la première communion qui a eu lieu le jour de la Pentecôte, se trouvaient les enfans de cinq à six habitans de la commune de Cires qui s'étaient rendus coupables envers M. Juin de torts impardonnables. On fit remarquer ces enfans à M. Juin, et on l'engagea à les renvoyer à une autre année pour punir leurs pères, et les faire repentir de leurs injustices. M. Juin répondit que les enfans ne devaient point porter la peine des fautes de leurs pères; et, malgré tout ce qu'on a pu lui dire, on l'a vu s'appliquer avec un soin infatigable à enseigner aux enfans des deux communes, sans distinction, leurs devoirs envers Dieu, envers leurs parens, envers la société; la soumission aux lois et le respect des personnes et des propriétés. Quelques personnes ont été touchées de tant de générosité ; d'autres y sont demeurées insensibles, au point que l'on a vu, parmi les parens des enfans que M. Juin a instruits gratuitement pendant six mois, trois à quatre pères aller en députation contre lui pour lui faire perdre sa place : il ne s'est pas même plaint, mais le public l'a vengé en imprimant à ces individus la tache flétrissante de l'ingratitude.

motif qui fait mouvoir les autres? je défie qui que ce soit de ces derniers de donner une raison plausible de sa rancune contre lui, et de dire le mal qu'il en a reçu. Qu'on sache que dans les environs et partout où cette affaire est connue, on n'approuve pas leurs mouvemens et qu'on absout généralement le curé. Pour moi, je ne le connais pas personnellement, mais il me semble qu'en jugeant sur le témoignage de toute une population qui voit et juge, et qu'en présumant le bien, quand le mal n'est pas prouvé, je suis aussi sage que ceux qui le méprisent sans le connaître. Parlerais-je de sa renommée? elle inspire beaucoup d'intérêt. Il est homme de lettres; il a un esprit supérieur et possède de profondes connaissances; c'est la voix publique. Il est doué d'une éloquence admirable.

Ce qu'il y a de plus affligeant dans toutes ces circonstances, c'est que la haine ne se borne pas au curé seulement, on fait rejaillir ce sentiment odieux sur d'autres personnes; on lapide impunément celles qui vont à son office, qui le fréquentent ou l'estiment; si elles font un commerce ou un état quelconque, on cherche à faire souffrir leurs affaires. N'y a-t-il pas là de l'impudeur, de la déloyauté, de la méchanceté et de la vengeance? Quiconque, dans le pays, n'avait pas d'ennemis ne peut trouver aujourd'hui que très peu d'amis sans avoir fait aucun mal (1). J'ai toujours dit et je dis encore aujourd'hui qu'on a eu grand tort d'entraver le libre exercice du culte, et qu'il n'est pas juste de gêner, comme on le fait aujourd'hui dans le pays, la liberté des opinions individuelles; cela est contraire aux principes de la civilisation.

On ne pourrait se faire une juste idée des bruits que les suppositions font journellement répandre dans le pays à l'occasion de M. Juin; on imagine tout pour aigrir les esprits et grossir le parti contre lui.

J'avouerai que, dans un temps, je fus mal disposé contre lui, et voici ce qui causait mon mécontentement :

Un homme que je croyais sincère, mais que j'ai reconnu depuis pour un fourbe, me rapporte certains propos que le curé aurait débités sur mon compte et qui étaient peu satisfaisans pour moi; j'ai éclairci cela et j'ai découvert que ce

(1) Et cependant le nombre de ceux qui persécutent le curé n'est pas le centième de la population ; mais ils sont hardis, et l'audace supplée au nombre : ils en imposent à leurs voisins. Si les deux maires étaient ce qu'ils devraient, le calme et l'ordre reparaîtraient avant un mois.

n'était qu'un mensonge dans le but de m'irriter. Je me plais à publier ce fait.

Toutes ces circonstances placent M. Juin dans une position extrêmement difficile; j'ai la persuasion que si l'on s'y fût pris pour obtenir son départ, autrement que par la voie de la plainte, ce que j'eusse bien désiré, on eût plutôt réussi : il fût peut-être lui-même parti de son gré ; mais il ne doit pas se laisser chasser honteusement comme coupable de quelques mauvais faits. La demande qu'on vient d'adresser au préfet et à l'évêché est, dit-on, peu honorable pour lui ; il doit se justifier des imputations qu'elle peut renfermer contre lui (1) ; il ne doit pas laisser à un remplaçant le faux honneur d'avoir rétabli le calme et la paix. L'illusion et les idées chimériques ne manqueraient pas de donner à ce remplaçant plus de vertus, plus de qualités quand il pourrait en avoir moins. D'ailleurs un départ contraint et subit donnerait à M. Juin un mauvais vernis dans l'endroit où il pourrait aller et où, selon le système vulgaire, on pourrait l'accuser injustement d'avoir manqué aux devoirs de son état.

Ce qui me surprend singulièrement, c'est qu'à Mello six ou sept personnes demandent également son départ, par une voie non plus convenable. On ne peut guère deviner le motif qui les fait agir : quel est donc leur intérêt ? Ce qu'il y a encore de particulier, c'est qu'elles luttent contre tous les autres habitans qui demandent à le conserver. Je demanderai aux pétitionnaires de Cires et de Mello ce qu'ils auront de plus d'un autre desservant. Je pense que, de leur côté, il y a plus d'obstination que de raison ; les deux maires ont mis les choses en train et ils ne veulent pas reculer. S'ils réussissaient dans leurs démarches, quelle gloire tireraient-ils donc de leur triomphe ? celle d'avoir nui à un homme qui ne leur fit aucun mal ! Ils le traitent de vindicatif ; qu'ils disent donc ce qui les fait agir ? si ce n'est pas la vengeance, c'est quelque chose de pis encore ! Je suis étonné que M. Ancel se soit occupé de tout cela. Il a cédé à de mauvais conseils et au frivole désir de se rendre populaire, il en est puni par l'opinion publique ; l'honnête homme ne doit pas chercher à s'élever aux dépens d'un innocent (2).

(1) On l'accuse, 1° d'avoir rempli le pays de troubles, de divisions ; 2° d'intrigues : or, les troubles et les divisions existaient avant qu'il fût ici, et les intrigues dont on parle sont l'ouvrage de ceux qui le persécutent. Ce fait est prouvé par des écrits signés par les cabaleurs eux-mêmes. Voyez pages 10 et 11 de ce Mémoire.

(2) Nous allons expliquer, en peu de mots, les motifs qui ont déter-

On m'avait parlé d'une autre plainte qu'on devait adresser au nom de la garde nationale de Cires toujours contre le

miné le sieur Ancel à se faire, contre M. Juin, le champion de la cabale de Cires. Dans la garde nationale de Mello se trouvaient des hommes qui, à raison de la modicité de leur fortune, n'étaient pas en état de s'acheter l'uniforme. M. l'abbé Juin proposa une souscription en leur faveur, et, donnant l'exemple, il souscrivit le premier pour 10 francs. M. Ancel, venu à peine le six ou huitième, eut la prétention, un peu ambitieuse, de se mettre le premier, dans l'espérance de s'attribuer l'honneur d'avoir mis tout en train : M. Juin se plaignit. Le sieur Merville, instituteur de Mello, homme peu loyal, et capable, de l'aveu de M. Ancel lui-même, de faire battre deux montagnes, alla rapporter à M. Ancel ce que le curé avait dit et y ajouta. Cependant la vérité fut connue, et l'honneur de cette œuvre patriotique resta à M. Juin : la souscription commencée par ses soins fut si fructueuse qu'elle suffit pour habiller quatorze gardes nationaux. Cependant MM. Juin et Ancel se revirent, et, malgré une froideur de quelques semaines, les choses se remirent : le curé, par sa fermeté et sa prudence, avait ramené le peuple de Cires. La cabale était aux abois ; elle résolut de faire un nouvel effort contre le curé. Le sieur Pierre Trouart, homme de confiance de M. Seillière, malgré son ignorance et une simplicité qui va jusqu'au ridicule, le sieur Trouart, le plus déterminé cabaleur qui soit bien loin, entreprit, de concert avec ses complices de désordre, d'attirer le sieur Ancel au parti. Le sieur Ancel est notaire ; on le prit sans doute par son côté faible ; on lui promit tous les actes du château et une immense popularité. Quel bonheur, en effet, de vaincre un homme que la cabale poursuivait depuis six mois, sans pouvoir en venir à bout ! Le bossu Biet, irrité contre le curé parce que le curé l'avait un jour mis à la porte, et le sieur Ediard joignirent leurs instances à celles de Trouart : M. Ancel céda ; il composa lui-même la dénonciation contre le curé ; elle était modérée dans les formes, mais violente et fausse par le fond ; on y accusait M. Juin d'être l'auteur des divisions qui existent dans le pays ; on présentait son départ comme nécessaire au rétablissement de l'ordre : tout se passait dans un grand secret. Le sieur Lebœuffle y donnait les mains. Les deux maires fesaient néanmoins bonne mine au curé. M. Lebœuffle eut, sur ces entrefaites, besoin du ministère de M. Juin : celui-ci s'empressa de rendre les services qui furent demandés, et ne voulut rien prendre pour trois publications, trois certificats et trois enquêtes, disant qu'il s'estimait trop heureux d'avoir trouvé l'occasion d'obliger. Cependant le sieur Lebœuffle n'en tint compte ; car le jour même il déterminait, soit par mensonges, soit par promesses, son conseil à signer contre le curé. M. Ancel de même empruntait des livres au curé, qui ne fesait pas difficulté d'en prendre aussi chez lui : tous ces dehors perfides n'empêchaient pas le complot d'aller son train. M. Ancel, à son tour, présenta la dénonciation à son conseil, et au lieu qu'à Cires un seul membre du conseil municipal avait résisté à la séduction, à Mello six sur dix refusèrent de signer. Cependant il fallait des signatures ; on alla en quêter : partout des refus. La dénonciation paraissait injuste : alors on prit le parti de la faire signer sans en permettre la lecture ; c'est ainsi que l'on fit signer le sieur Flan, aubergiste de la place : on lui fit accroire qu'il ne s'agissait que de refuser des chapes au curé : le lendemain, ayant su que c'était pour le faire partir, il se plaignit tout haut curé. Voici ce qui y donnait lieu : plusieurs personnes, fesant partie de la garde nationale, assistèrent dans un costume fort négligé (aucune ne porte encore l'uniforme) à la cérémonie religieuse qui eut lieu le 1ᵉʳ mai, à l'occasion de la fête du Roi. Plusieurs, sans être sous les armes, se tenaient couvertes de casquettes, et le célébrant leur en fit un léger reproche. Je ne ferai à cet égard aucune réflexion et je laisserai à penser si cette circonstance peut motiver une plainte et une disgrâce, ou si c'est là une insulte. Je dirai seulement que le curé eût pu se dispenser dé faire à ce sujet aucune représentation. Cependant il n'est pas indifférent de se tenir dans le temple d'une manière convenable ; et il faudrait être bien ridicule ou bien intolérant pour refuser au curé le droit de dire son avis à cet égard.

Cette dernière pièce, quoique signée d'un grand nombre de personnes, ne fut pas, dit-on, envoyée ; je pense qu'on a fort bien fait, car elle ne pouvait pas être appuyée de motifs suffisans et elle n'eût produit qu'un mauvais effet contre la commune, et surtout contre le sieur Lebœuffle, son principal auteur (1).

A tout cela, devrais-je ajouter quelques mots sur les dé-

---

de la fourberie, plus de vingt témoins peuvent l'attester : on fit de vives instances pour l'engager à se taire. Le sieur Colin, qui passe pour être l'ami de la femme du sieur Flan, travailla beaucoup à lui fermer la bouche : on sentait que ses plaintes pouvaient compromettre. Cependant M. Ancel se hâta de légaliser les cinq ou six signatures qu'on avait mendiées : la pétition fut envoyée, et M. Juin reçut ordre de partir. Aussitôt que les habitans en furent instruits, ils furent révoltés de l'injustice dont M. Juin était victime. Une pétition fut dressée spontanément pour faire voir que M. Juin avait assoupi les divisions, loin de les avoir augmentées : cent trente signatures y furent apposées dans quelques heures. Les deux maires se refusèrent à légaliser. Le sieur Ancel, dont le caractère est violent, furieux de voir que le peuple, qu'il affecte de mépriser, osait penser autrement que lui, traita les pétitionnaires *de séditieux*, et vomit contre le curé les plus grossières injures : ajoutez à cela que le sieur Merville allait chez le curé rapporter à sa manière ce que le sieur Ancel disait contre lui ; puis allait de même rapporter chez le sieur Ancel ce qui se passait chez le curé. Tous ces incidens envenimèrent les divisions. Les habitans se plaignirent dans les journaux. Ancel, dans ses réponses, attaqua le curé, qui répondit avec modération, mais avec une supériorité accablante pour Ancel. Le peuple fut écouté : la petite faction carliste, acharnée après le curé, ne mit plus de bornes à ses fureurs.

(1) Car on aurait pu demander au sieur Lebœuffle pourquoi, dans sa commune, rien n'avait été fait pour célébrer la fête de Louis-Philippe ; pourquoi, à la même époque, pas un homme de la garde natio-

putations qui ont porté au pied de l'autorité ecclésiastique l'expression de leurs vœux respectifs?

Une députation composée de personnes respectables de Mello demanda à conserver leur curé, et leur demande fut bien accueillie.

Une autre députation de Cires, beaucoup plus nombreuse, composée de quatre-vingts et quelques personnes, très peu honorables, alla demander au contraire, sans de justes motifs, le départ du curé, avec prière de le remplacer sur-le-champ. Leur demande ne fut pas entendue favorablement, et cela se conçoit aisément, ce sont des raisons justes et non beaucoup de monde qu'il faut pour justifier une plainte et obtenir succès (1).

nale n'était habillé, sans en excepter son propre fils, tandis qu'on est habillé dans les communes voisines.

(1) Nous allons dire un mot des deux députations. Celle de Mello était composée de six membres du conseil municipal et de huit ou dix habitans estimables. Ils furent parfaitement accueillis à l'évêché et à la préfecture ; ils parlèrent avec calme et justesse. On goûta leurs raisons : on leur promit jnstice. Ils déposèrent contre les violences du sieur Ancel et ses abus d'autorité : ils avaient vu et entendu tout ce qu'ils attestèrent à M. le préfet et à M. Legrand, vicaire. Ils avaient vu les emportemens scandaleux de leur maire ; ils avaient entendu ses injures brutales. Ils parlaient donc sciemment.

MM. Ancel et Lebœuffle avec leurs acolytes résolurent de singer la députation de Mello et d'en faire une infiniment plus nombreuse. Personne à Mello ne voulut en être. Ils intriguèrent si bien à Cires qu'ils déterminèrent huit ou dix particuliers estimables à faire partie de la députation : il y en eut auxquels on fit une sorte de violence. Le mensonge et les menaces ne furent pas épargnés. On fit accroire à plusieurs qu'on ne les entraînait à Beauvais que pour avoir des fusils. *Mais huit* ou *dix*, ce n'était pas assez : Pierre Trouart, confident de M. et de madame Seillière, se chargea de recruter des députés. Il entraîna son maréchal, ses maçons, son charron, ses batteurs en grange, et une grande partie des manouvriers que ce même Trouart occupe une partie de l'année dans les propriétés de M. Seillière. A la tête de cette députation, furent mis deux hommes, sous le commandement en chef de Pierre Trouart, qui malgré son ineptie était le généralissime de cette échauffourée. Les deux aides-de-camp qui faisaient l'état-major et aidaient Trouart à conduire son escouade, étaient: 1° Le nommé Noël de Tillet, un petit homme maigre d'une mine grêlée; 2° M. Legrand aîné : ce personnage est aussi blême qu'un cadavre qui aurait passé huit jours dans le tombeau : il n'a que de grandes dents postiches. Il ne sait pas dire deux mots ; c'est au point que madame Seillière ne l'emploie que pour ses domestiques, et se sert pour elle et sa famille du médecin de Creil qui est un homme instruit. Le sieur Legrand, peu occupé de ses malades, qui, dans la crainte de mourir trop vite, l'ont abandonné ; le sieur Legrand, dis-je, fait une guerre implacable au curé qui ne lui a jamais fait de

M. Lebœuffle, dont le vœu n'est pas équivoque, ne se trouva pas à cette députation.

On me demandera, sans doute, pourquoi je m'occupe de l'affaire du curé, je dirai que c'est par le sentiment de la raison, de la justice et de la vérité. Que peuvent dire ceux qui agissent pour son départ ? rien de positif et de sensé. Il y a de leur côté plus de système que de raison.

Je vois malheureusement que plus on va, plus on augmente l'effervescence de la discorde dans les deux communes et plus on apporte de difficulté à pacifier les esprits. Ce ne seront pas sans doute les bruits mensongers qu'on fait circuler journellement qui amèneront le calme ; ils sont au contraire propres à exciter de nouvelles séditions (1). Ces cir-

mal. C'est une expérience qu'il a voulu tenter. Il essaie, dit-on, si, en détruisant le curé, il ne pourrait pas se rendre populaire et trouver encore quelques malades à expédier dans l'autre monde. La députation ne pouvait manquer de produire un grand effet: les trois orateurs étaient incapables de dire de suite vingt mots de français. On voit que ceux qui l'avaient composée avaient compté les voix, mais n'avaient pas eu le bon sens de les peser. Tous ces rustres furent donc mal reçus à Beauvais ; ils s'en revinrent consternés. Le sieur Legrand, dit-on, resta en arrière et à son retour feignit d'avoir eu un entretien avec le grand vicaire et avec le préfet, auxquels il compta diverses choses qui sont controuvées ; mais on croit qu'ils n'eurent point d'audience. Cependant le médecin de l'escouade, à son arrivée, se disait porteur d'une lettre, laquelle annonçait, disait-il, au curé l'ordre de partir ; il ajoutait encore que cette lettre ne serait remise que le dimanche suivant au curé, au moment que, rendu au pied de l'autel, il irait commencer la messe. Cette comédie a fini le jour de la Fête-Dieu. Le sieur Ancel a en effet envoyé son clerc porter au curé une lettre au milieu de la cérémonie, au grand scandale du peuple : la lettre annonçait au curé que la garde nationale ne viendrait pas à la messe !... (Voyez le supplément.)

(1) Le lecteur sera sans doute bien aise de trouver ici une courte explication sur ces divers faits.

La députation des Ciresiens fut fort mal reçue à Beauvais : Le découragement se mit parmi ceux qui la composaient ; ils s'en revinrent à la débandade : leur honte était si grande qu'ils n'osèrent rentrer chez eux de jour et par les chemins ordinaires : ils attendirent la nuit, et passèrent à travers les jardins, par le derrière des maisons. Le résultat de la députation fut bientôt connu dans le pays : tout le monde convint alors qu'il n'y avait rien à faire ; qu'on avait d'ailleurs opposé assez de résistance au curé, et qu'il était temps de se rapprocher de celui qui rendait le bien pour le mal. Les nommés Ancel et Lebœuffle, qui n'avaient osé faire partie de la députation, parce qu'à l'évêché on connaissait leurs intrigues et leurs impostures, furent désolés du résultat de cette démarche ; ils coururent à la rencontre de Pierre Trouart, dit *la Girafe*, qui acheva de les désoler en leur racontant qu'ils avaient été si mal reçus à Beauvais qu'ils n'avaient eu que le temps de s'enfuir.

constances cependant n'ont point produit tout le mal possible, et il semble qu'un dieu de paix les ait permises pour concilier, rapprocher et rapatrier dans les deux pays certains hommes qui semblent s'être juré une éternelle inimitié. Dieu soit loué! il ne faut plus jurer de rien; il n'y a rien de plus beau que l'union et la paix : pour moi je désire voir cesser les dissensions, je déteste la haine et la rancune, je n'aime pas qu'on gêne la liberté des autres ; ne point faire à autrui ce qu'on ne voudrait pas qu'on vous fît, c'est un principe connu de tout le monde, et que j'aimerais à voir observer à l'égard de M. Juin comme envers tous mes semblables.

Qu'on laisse donc le curé en repos; il devra également y laisser les autres, et je ne vois pas qu'il tourmente personne; qu'on soit enfin libre de sa conscience et de sa foi. On ne doit pas gêner la liberté individuelle en toutes choses qui ne nuisent à personne. En un mot, *Liberté*, ce doit être la devise de tous et c'est l'une des bases essentielles du bon ordre et de la civilisation.

M. Juin, à mon avis, se conduit selon les circonstances, et sa conduite est irréprochable.

De toutes les personnes qui agissent contre lui, il en est beaucoup qui ne se prêtent à ces menées que dans l'intérêt de leurs affaires, qu'une conduite contraire eût pu faire souffrir. Je pourrais en donner des exemples; mais je serais obligé de parler de sentimens que le mépris me fait taire.

Je ne vois pas qu'il y ait ni raison ni humanité de chercher à faire disgracier un homme qui n'a réellement de torts que parce qu'il cherche à se disculper et qu'il se défend contre d'injustes et journalières déclamations (1).

---

(1) On ne se contente pas d'injurier le curé de mille manières, on a eu la lâcheté de lui écrire des lettres anonymes et pseudonymes. Elles fourmillent de grossièretés, de platitudes et d'impertinences : elles sont l'infamie du parti qui les a inspirées; on ne s'en est pas tenu là : on a fait un mémoire dont le sieur Ancel est l'auteur. C'est la plus virulente, la plus absurde et la plus insignifiante diatribe qu'on ait jamais lue : la démence le dispute à la fureur et à la brutalité. Son auteur accuse le curé d'être un révolutionnaire, d'avoir voulu proposer l'association patriotique, afin de détruire le gouvernement. Il ne tient pas à lui qu'on ne traite M. Juin comme les Autrichiens ont traité en Italie Menotti et Borelli. Le fait est que M. Juin est un homme ami de la liberté, de l'ordre et de la patrie; il aime le peuple, loin de le mépriser, comme font ses adversaires; il se fait gloire d'être l'ami et le frère du peuple; il tient à honneur d'être sorti des rangs du peuple, et on le voit donner la main à tous, sans faire attention aux vêtemens. Il voudrait sincèrement pou-

Il me reste à parler d'un fait qu'il importe de citer : c'est le refus positif des deux maires de légaliser des signatures de plusieurs de leurs administrés qui peuvent être pleins d'honneur comme eux, lesquelles signatures étaient apposées au bas d'une pièce pouvant servir de justification au curé. Ce refus, que pouvait tout au plus motiver l'ignorance ou la suspicion des signatures, ne pouvait avoir de consistance lorsqu'on s'offrait à appeler devant les maires tous les signataires. Y a-t-il là de la bonne foi? Ces signataires doivent-ils être contens d'une pareille suspicion? Les deux maires avaient légalisé les dix ou douze signatures contre le curé; pourquoi refusent-ils de légaliser cent trente signatures qui le disculpent?

La défense est de droit naturel, c'est là un principe connu; mais on ne doit pas en ôter les moyens par des abus d'autorité.

Telles sont les iujustices et les violences qui viennent de se passer dans Cires et Mello et qui, malheureusement, ne sont pas encore près d'être assoupies, à moins que l'on ne change les maires ou qu'on ne les force à se taire. En rapportant ces affaires, j'ai eu pour

voir soulager les maux du peuple, lui donner du travail, diminuer le prix du pain et rétablir le commerce. On l'a entendu émettre à ce sujet les sentimens les plus humains ; malheureusement la fortune lui manque, et ses deux maires prennent à tâche de le faire mourir de faim ; ils lui disputent jusqu'aux moindres miettes de son casuel, et lui ont retranché arbitrairement 520 fr. d'indemnité, qui lui étaiént alloués par les deux communes. On remarquera que cette conduite des deux maires est une basse et indigne vengeance que M. Juin a supportée sans emportement; cependant on croit que, si le préfet n'a pas été gagné, il rendra cette somme à M. Juin. Le parti qui soutient cet ecclésiastique, c'est la population, qui est animée de sentimens patriotiques. Le parti qui combat M. Juin est une cabale composée de cinq ou six séditieux qui ont attiré à eux tout ce qu'il y a de brouillons dans le pays. Pour donner une juste idée de cette cabale audacieuse, nous dirons qu'elle compte dans ses rangs : 1° un homme qui s'opposa à l'érection du drapeau tricolore après les journées de juillet ; 2° le notaire d'un banquier carliste ; 3° un maire qui n'a rien fait le jour de la fête de Louis-Philippe ; 4° un prêtre apostat, qui dans la révolution de 1789, monta en chaire en présence d'un peuple innombrable, et blasphéma devant ses paroissiens, le Créateur et la morale : cet individu s'est fait le valet de l'empire, il a rampé sous les Bourbons de la branche aînée, et est parvenu à accrocher une place lucrative, qu'il possède encore au grand scandale des patriotes. Ce nouveau Mathan, fier de l'appui d'une nouvelle Athalie, s'est fait le persécuteur acharné d'un prêtre fidèle, ami des lois, de la justice et de la paix publique.

but d'arrêter le cours des bruits mensongers qui se répandent journellement et dénaturent les faits exacts ; mon but est de faire connaître toute la vérité. Puisse-t-elle triompher, amener le calme dans des esprits haineux, passionnés et vindicatifs, assurer le retour de l'ordre et rétablir dans ces communes les liens de la société qui se trouvent toujours blessée par les troubles et les désunions ! C'est là tout le mal que je désire à mon pays que j'aime, parce qu'il est le sein de ma famille; que j'aime, parce que j'y ai des amis que j'estime. O mon pays ! Je gémis bien sincèrement des désordres qui désolent ta population ! Cette population que j'estime avait toujours été soumise aux lois et aux ordres de l'administration ; certes elle eût encore obéi, si son chef eût ordonné le bon ordre et l'eût éclairée. O mon pays que j'affectionne et auquel je me plairais à rendre service si ma position le permettait, reçois au moins les vœux que je forme pour ton bonheur !

SUPPLÉMENT

AU MÉMOIRE PRÉCÉDENT.

Ce Supplément est destiné à retracer des faits postérieurs à la composition du Mémoire : les faits que nous y consignerons reposent sur des
documens d'une authenticité incontestable.

Une preuve frappante que la dame Seillière n'était pas
étrangère à la persécution suscitée à M. Juin, c'est, 1º que
la députation que les cabaleurs de Cires firent à Beauvais
contre cet eclésiastique avait pour son chef Pierre Trouart,
concierge au château; 2º que le sieur Legrand aîné, médecin, aussi membre de la députation, resté en arrière, revint de Beauvais à Mello, dans la voiture de M. Gibert,
receveur-général du département de l'Oise, et beau-frère de
madame Seillière. Il est à remarquer que ce fonctionnaire,
dont la nouvelle décoration avait mécontenté les patriotes de
l'Oise, que ce fonctionnaire auquel on reproche d'avoir
prêté son salon aux carlistes, et contribué à faire mitrailler
les Parisiens, accompagnait lui-même le médecin *Legrand*,
et que celui-ci avait été logé et traité à l'hôtel du financier. Quel motif de rendre tant d'honneurs à un médecin,
dont la médiocrité et l'ignorance sont tellement vulgaires,
que madame Seillière en parle elle-même avec le plus profond mépris, et ne daigne l'employer que pour les marmi-
tons de sa cuisine? Les instigateurs de la persécution contre
le curé, quoique conjurés avec ce nouveau Sangrado, dont
l'habileté consiste à purger, saigner et tuer, ne se servent
eux-mêmes jamais de lui dans leurs maladies; Lebœuffle
Ancel, Momineau, les épiciers Édiard, ont recours à d'autres médecins renommés du voisinage. La considération
témoignée à cet individu, qui ne sait pas dire deux mots,

avait donc sa source ailleurs que dans un art qu'il ignore. Ce qui le rendait maintenant recommandable aux yeux de la dame Seillière et des cabaleurs, c'est qu'il s'était déclaré l'ennemi implacable du curé. Le sieur Legrand n'avait aucun motif personnel de haine contre M. Juin : mais l'espérance de se rendre populaire et de mériter la bienveillance des persécuteurs de cet ecclésiastique, avait suffi pour le déterminer à poursuivre un homme dont la destruction devait, selon les idées logées dans son étroit cerveau, le couvrir de gloire. Le lendemain de son arrivée, il alla partout dans Cires relever le courage abattu de la cabale. Le récit des précédens députés l'avait si fort découragée qu'on était résolu de se rapprocher du curé et de ne lui plus faire la guerre. Legrand leur dit que tout allait bien ; qu'il avait vu le préfet qui s'était engagé avec lui à faire partir M. Juin ; que la chose était immanquable ; que madame Seillière, son débonnaire mari, et tous les Gibert de Beauvais s'entendaient avec le préfet à cet égard ; que le préfet et eux étaient intimes amis. Ce médecin donnait comme preuve indubitable du succès, l'honneur que le financier de Beauvais lui avait fait en le ramenant dans sa voiture ; il ajouta qu'il s'était aussi entretenu avec M. l'abbé Alouvry, qu'il en avait été bien reçu. Il paraît qu'il dit à M. le vicaire-général que toute la population était contre M. Juin, que la haine qu'on lui portait, était si grande que vingt-sept enfans, nés depuis son arrivée, étaient restés sans baptême. Ce fait a été examiné, et il ne s'est trouvé que cinq enfans non baptisés ; encore, sur ce nombre, deux étaient sur le point de l'être ; un troisième enfant appartenant à des parens pauvres, on attendait d'avoir gagné quelqu'argent pour faire un petit *galas* le jour de son baptême. Les deux autres enfans qui restaient à baptiser auraient été apportés, si la cabale n'en avait détourné les parens ; tantôt on leur fesait craindre, de même qu'à ceux qui fréquentaient l'église que, s'ils portaient leurs enfans à M. Juin, on détruirait leurs arbres dans les champs, leurs récoltes, que tout le monde leur jetterait la pierre ; tantôt on les priait de patienter, assurant que M. Juin allait partir et que son successeur arriverait dans la huitaine. Telle est la tactique suivie avec persévérance pendant dix mois. Les parens d'ordinaire perdaient patience, alors la cabale s'efforçait de les déterminer au moins à porter leurs enfans aux pasteurs voisins. MM. Legrand étaient, dit-on, assidus à donner ces sortes de conseils : l'on assure que c'est sur les instances de l'aîné, que deux enfans de Villeneuve, hameau de Cires, ont été portés à M. le curé d'Ercuit lequel au mépris de toutes les règles, les a marqués du sceau du chrétien sans en avoir obtenu l'autorisation de leur pasteur légitime.

Dans le temps que le sieur Legrand en agissait de la sorte, et cherchait à ravir à M. Juin la confiance de ses paroissiens, celui-ci tenait envers son ennemi une conduite bien opposée. Cet ecclésiastique passait à cheval par Montataire : une femme court après lui : « Vous êtes de Mello, Monsieur, je » vous connais.—Eh bien! Madame, qu'est-ce qu'il y a pour » votre service? — Monsieur, j'ai mon pauvre mari qui est » tombé subitement malade, il est à l'extrémité, il faut un mé- » decin, et un bon..., sur le champ; que pensez-vous de MM. » Legrand? ils n'ont guère bonne réputation. — Madame, il » ne m'appartient pas de juger personne, surtout d'une ma- » nière défavorable ; si vous voulez, Madame, j'avertirai » l'un de ces Messieurs, de l'état de votre mari, et il vien- » dra. — Eh bien ! Monsieur, puisque la chose est pressée, » envoyez-en un, s'il vous plait. — Oui, Madame. »

M. Juin se rend à toute bride à Mello, et la première chose qu'il fait est de s'acquitter de la commission ; ce fait, qui en suppose beaucoup d'autres, nous apprend ce qu'il faut penser de M. Juin et de ses adversaires. Cependant les deux médecins continuaient d'intriguer contre lui ; l'on assure même que des menaces d'assassinat avaient été proférées par le plus jeune des deux frères. Si ce fait était vrai, il dénoterait une profonde scélératesse. Nous aimons à croire que l'on s'est trompé, et que les menaces n'ont pas été faites ; il nous serait trop pénible de penser autrement.

Ce qu'il y a de certain, c'est que ces deux Esculapes, toujours dans l'espérance de se rendre populaires et de s'attirer quelques pratiques, cherchaient tous les moyens de susciter à M. Juin de nouveaux ennemis. C'est dans ce but qu'ils assistaient à une espèce de conciliabule qui se tenait tous les soirs dans un cabaret de Mello; là se trouvaient tous les persécuteurs du curé. On avisait le soir aux moyens de le torturer le lendemain ; c'est de cette taverne que sont sorties les mille et une calomnies que l'on a essayé de répandre au milieu d'une population indignée, au moins quant à la majorité, de toutes ces trames infernales ; c'est dans le même but que Legrand aîné, à son retour de Beauvais, alla dans les maisons de Cires, et réunit les jeunes gens sur la place pour leur dire de tenir bon, qu'ils avait dans sa poche une lettre du préfet contre le curé ; que cette lettre lui serait envoyée le dimanche suivant, alors que cet ecclésiatique serait à célébrer la messe. C'était une imposture : le dimanche qui suivit, aucune lettre ne fut remise à M. Juin ; on ajouta que ce serait pour le dimanche suivant. Ce bruit s'accrédita : il y eut des rumeurs sourdes, et de l'agitation parmi les habitans de Cires. Le dimanche annoncé arriva, c'était le jour de la Fête-Dieu ; on n'avait point de lettre : il en fallait une. L'un des champions les plus insensés de cette comédie indécente, le sieur Ancel, homme d'une violence extrême, imagina d'y suppléer en envoyant au curé une lettre au sujet de la garde nationale. L'écrit suivant explique la manière dont la chose se passa, ainsi que la conférence qui eut lieu entre M. Juin, d'une part, et ses implacables adversaires, de l'autre.

Mello, 8 juin 1831.

MONSIEUR LE PRÉFET,

Nous croyons qu'il est dans l'intérêt de l'ordre et de la justice que vous ayez une connaissance exacte des faits suivans.

1° Le jour de la Pentecôte, 22 mai, avait lieu à Mello la première communion des enfans. Toutes les familles attachent, de temps immémorial, une haute importance à cette cérémonie, laquelle a pour but d'initier la jeunesse à la doctrine de Jésus-Christ, le plus grand prédicateur de liberté, d'égalité, de justice et d'ordre qui ait jamais existé. La population entière manifesta le désir de voir la garde nationale à cette fête. Ce service d'ordre et d'intérêt public eût imprimé à cette cérémonie un caractère plus auguste, et donné aux enfans une plus haute idée de la morale. Le sieur Ancel refusa formellement de permettre à la garde nationale d'assister à cette fête, sous prétexte qu'il n'avait point reçu à ce sujet d'invitation du curé.

2° Le 5 juin, jour de la Fête-Dieu, un peuple innombrable accourut de tous les lieux circonvoisins au service religieux à Mello. Le curé, trois jours avant la fête, avait adressé au sieur Ancel une lettre dans laquelle il invitait la garde nationale à se trouver à la cérémonie religieuse, toujours dans l'intérêt de l'ordre et de la morale. La garde nationale, composée de gens qui savent que le vrai patriote est un homme moral, partageait les sentimens de la population. Le sieur Ancel garda le silence jusqu'au jour de la Fête-Dieu; alors il choisit le moment où le curé était à l'église, célébrant la messe au milieu d'un peuple immense, pour lui adresser sa réponse. Le nommé Louis Flan, jeune homme qui remplit depuis plusieurs années les fonctions de premier clerc chez le sieur Ancel, notaire et maire de Mello, vint, par ordre de son patron dans le temple, la lettre à la main, et l'a remit au sieur Auguste Veret, bedeau, avec ordre de la proter à l'instant au curé. Le sieur Veret observa au sieur Flan qu'il ne remettrait la lettre qu'après la messe, attendu qu'en la remettant à l'instant il troublerait le culte. Le sieur Flan lui répondit, que le maire ordonnait de la remettre à l'instant ; que c'était pour une affaire pressée, et qu'il fallait une réponse sur-le-champ. Le curé, instruit de cela par le sieur Veret, et ne doutant pas, d'après ce qu'il lui disait, qu'il ne s'agît d'une chose d'intérêt public, ouvre la lettre, dans laquelle le sieur Ancel lui annonçait son refus absolu de laisser venir la garde nationale, attendu, disait-il, *qu'il y avait dans la garde nationale des individus non catholiques.* Or ce fait est matériellement faux ; tout ce qu'il y a d'hommes dans les rangs de la garde nationale et et même d'habitans dans le pays, est catholique. Cet incident ayant troublé les cérémonies du culte (ce que ledit Ancel avait prévu et voulu), le peuple fût dans une vive inquiétude. Le curé, demeuré calme, reprit l'office sans ouvrir la bouche sur la lettre. Cependant on cherchait partout à pénétrer le mystère de cette lettre ; les faux bruits répandus à dessein par la cabale, qu'une lettre du préfet serait remise à M. Juin au pied de l'autel, firent craindre que la missive d'Ancel ne fut la lettre annoncée. Mais sçut plus tard que ce n'était là qu'un mauvais tour que le sieur Ancel avait voulu jouer au curé, afin de lasser sa patience et d'inquiéter le peuple, qu'il appelle en termes polis *un tas de bêtes brutes.* L'auteur de cette lettre, et les neuf à dix partisans qu'il compte dans une population de dix-huit cents ames, ayant dit à diverses personnes le contenu de sa lettre, le peuple fut instruit de tout au sortir de l'église. On fut généralement indigné du mensonge que contenait la lettre et du scandale qu'on avait produit. On alla chez le curé demander communication de la lettre. Le curé, voyant qu'elle était déjà connue, la communiqua ; d'ailleurs le sieur Ancel ne demandait pas au curé de garder cette lettre secrète. Des personnes estimables vinrent au nom du peuple prier le curé de dire un mot à vêpres, de cette lettre et du mécontentement qu'elle causait ; il s'y refusa, disant que cela ne servirait qu'à aigrir les esprits. Après vêpres, on revint encore à la charge cinq à six fois, avec de si vives instances, que le curé consentit à dire quelques mots sur la lettre. Alors il déclara au peuple qu'il était vrai qu'il avait reçu une lettre de l'autorité par laquelle on refusait la garde nationale ; qu'il était vrai que cette lettre apportée au milieu de l'office avait troublé le culte, mais que loin d'avoir du ressentiment d'un pareil procédé, il priait le peuple de tout oublier, ajoutant que ce serait le mortifier beaucoup, si l'on fesait le moindre bruit à ce sujet. Cependant le sieur Louis Flan, clerc du sieur Ancel, était présent et insultait par ses ris et l'indécence de son attitude aux cérémonies du culte ; le curé n'en dit pas un mot. Le sieur Flan se permit aussi de plaisanter quatre jeunes gens de 20 à 30 ans, qui, habillés en aubes, fesaient *thuriféraires* à la cérémonie. Au sortir de l'office, sur les dix heures et quart, les jeunes gens demandèrent au sieur Flan pourquoi il les méprisait ainsi. Ils lui représentèrent qu'il devrait mieux se conduire à l'église. Comme il ne leur répondit que des injures, il lui dirent qu'ils l'engageaient à ne pas se trouver au bal ; que le mécontentement contre lui était trop grand. Il se moqua de ces sages avis, il y vint, ayant l'air de narguer tout le monde. Il paraîtrait même qu'il aurait eu recours à des voies de fait, dans l'espérance d'être toujours soutenu par son patron, le sieur Ancel. On fut assez prudent pour ne point user de représailles, on se contenta de le mettre à la porte. Cet individu, furieux de l'affront, alla crier auprès de sa mère, qui elle-même accourut chez le sieur Ancel, disant qu'on se battait au bal, qu'on assommait son clerc. Le sieur Ancel arrive tout essoufflé, sans culotte, et l'écharpe à la main. On dansait fort tranquillement ; il était environ 1 1 heures et demie du soir; il força tout le monde à se retirer. Le lendemain il voulut obliger les jeunes gens à venir faire des excuses à son clerc et à payer une amende. Comme ils n'avaient rien à se reprocher, ils répondirent qu'ils regrettaient de ne pouvoir condescendre à son désir ; alors le sieur Ancel renouvela ses menaces, disant qu'il allait verbaliser et faire venir les gendarmes : ces propos remplirent la commune de rumeurs ; et l'on s'accordait à dire que le sieur Ancel était le seul auteur des troubles : Que la paix serait rétablie le jour où il ne serait plus maire. C'est pourquoi l'on attend avec une vive impatience le moment des élections municipales ; et l'on a peine à comprendre pourquoi, elles sont si fort retardées.

3°. Le même jour, 6 juin, M. Lorentz, particulier estimable et paisible de Mello, vit successivement le sieur Ancel et le curé, les engageant à se réconcilier : le curé consentit, à la condition que l'explication serait douce, honnête, sans injures, ni emportement. Le sieur Ancel ayant adhéré à la proposition se rendit avec deux hommes chez M. Lorentz, lieu de la conférence : le curé vint de son côté accompagné de deux habitans paisibles. Quoique victime depuis plusieurs mois et outragé de mille manières, le curé ne demanda ni réparations ni amendes : il se borna à dire au sieur Ancel qu'il était prêt à tout oublier et à tout ensevelir pour jamais, s'il voulait s'engager à ne le plus l'insulter ni en public, ni en particulier, et à ne plus souffrir que son clerc vomit contre lui les injures grossières qu'il profère en toute rencontre ; 2° à ne plus donner de mauvais conseils à ses paroissiens. Le sieur Ancel parut un instant accéder à ses propositions que tout le monde trouva fort modérées : mais bientôt, reprenant son caractère brutal, il se rétracta et vomit un torrent d'injures grossières contre le curé et en sa présence, ainsi que devant les témoins et devant M. Lorentz, qui présidait la conférence. Le sieur Ancel traita le curé de séditieux, d'être vil et méprisable, de polisson, etc. : il prit même une sorte de plaisir à répéter ces mots grossiers. Le curé se borna à lui dire : que des injures n'étaient pas des raisons ; que puisque lui Ancel était venu pour s'expliquer, il aurait dû éviter toutes les expressious grossières qui ne convenaient pas à un homme bien élevé, ni surtout à un magistrat. Mais rien n'ayant pu modérer les emportemens du sieur Ancel, le curé se retira avec la triste conviction que la paix ne serait jamais possible tant que le sieur Ancel serait maire.

4° Il résulta de plus de la conférence que le sieur Merville, instituteur primaire dans la paroisse de Mello, fut reconnu pour un homme peu loyal, comme allant reporter chez le sieur Ancel ce qui se passait chez le curé, et *vice versâ*: qu'il avait beaucoup contribué, par cette conduite perfide, à aigrir les esprits. On était depuis fort long-temps mécontent de la manière dont il faisait l'école ; presque toujours absent, il fait perdre la moitié du temps à la jeunesse ; il abandonne la direction de sa classe à un jeune écolier de quatorze à quinze ans et à sa femme, qui sait à peine lire, et qui d'ailleurs ayant le soin de trois à quatre petits enfans, est hors d'état de veiller à l'école : les pères de famille sont irrités de l'abandon où il laisse leurs enfans.

Les soussignés vous prient,

Monsieur,

d'agréer l'assurance de leur haute considération,
Signé Lorentz, fabricant et président de la conférence ; Veret, membre du conseil ; Beuvrier, propriétaire ; Pierre Veret, négociant ; Auguste Veret, tourneur.

Une copie de cet écrit fut envoyée à l'évêque, l'autre à M. le procureur du roi, seulement pour qu'il fut à même de n'être pas trompé par les rapports perfides que les ennemis de M. Juin ne cessaient de lui faire. M. Durantin témoigna à M. Juin le désir de poursuivre cette affaire ; M. Juin s'y opppsa, en disant qu'il tenait à pardonner à ses ennemis. Une autre copie du même écrit fut adressée à M. le président du comité cantonal, parce qu'il se trouve dans cet écrit un passage relatif au sieur Merville, instituteur primaire de Mello. Ce maître d'école avait joué, au milieu de ces troubles, le rôle d'un homme à deux faces ; il allait chez les deux parties faire alternativement des rapports perfides ; pour donner une idée de cet individu, je ne citerai qu'un seul fait, choisi entre mille. Le 1er mai, jour de la fête de Louis-Philippe , la population fit un banquet patriotique ; les oppresseurs du curé, ayant par leur conduite déloyale encouru l'indignation publique, en furent exclus; alors ils se réunirent, et firent un petit banquet à part, où figuraient les frères Legrand, Ancel, Monimeau, le bossu Biet, insipide orateur de carefour, le bonhomme Ediard , ancien valet, ancien cuisinier, puis le sieur Merville : vers la fin du repas , Merville laisse ses convives et va dans le local où se trouvaient réunis les plus estimables habitans : il les flatte , et suivant son usage , il se livre à la délation. Il leur propose de se joindre à lui pour aller chez le bonhomme Ediard , briser le buste de Charles x ; il les exhorte, il les pousse. Comme ce banquet populaire était composé d'hommes patriotes, ils cèdent facilement aux perfides insinuations de Merville. Lorsque celui-ci les voit prêts à le suivre , il les prie d'attendre un instant : il court à l'autre banquet, et avertit le bonhomme Ediard, qui, dit-on, jeta bien vite le buste dans les latevines, et alla ensuite à la rencontre de ceux qui venaient dans l'intention marquée plus haut ; il leur dit qu'il n'en avait point ; il s'excusa, les larmes aux yeux, et maudit Charles x et sa famille. Les patriotes, touchés, n'allèrent pas plus loin; ils rentrèrent, et apprirent bientôt qu'ils avaient été pris pour dupes par Merville. La population entière , mécontente depuis plusieurs années contre le sieur Merville, désapprouva tout haut sa duplicité. Ce fait détermina les principaux habitans à demander au comité cantonal la destitution d'un instituteur qui néglige l'instruction de leurs enfans, passe une partie de son temps à la chasse et à d'autres courses. C'est par ce motif qu'une plainte nouvelle , signée de plusieurs habitans estimables, vient d'être dressée contre lui. Aussitôt qu'il s'est vu menacé, il a voulu conjurer l'orage en se soumettant à son devoir, depuis huit à dix jours; mais cela ne peut pas réparer les torts qu'il a eu depuis trois ans, torts si graves, qu'ils lui ont fait perdre la confiance des habitans. Les jeunes gens qui ont suivi son école pendant ce laps de temps, sont aujourd'hui hors d'état de réparer cette éducation première; ils ont douze, treize et quatorze ans ; ils apprennent des métiers. La fainéantise du sieur Merville leur a donc fait un tort irréparable. Voilà ce qui a mis le mécontentement à son comble : si le comité ne fait pas justice, les habitans sont résolus à retirer l'indemnité;

c'est l'exemple que viennent de donner les habitans de Cires, quoique le sieur Ridoux, leur instituteur, soit depuis au moins trente-cinq ans dans leur paroisse. Ils ont raisonné conséquemment, mais un peu tard. « Ridoux ne peut élever » ses propres enfans d'une manière décente, ont-ils dit, com- « ment pourrait-il instruire et former les nôtres, qui lui sont » étrangers? » En effet, les fils du père Ridoux sont malhonnêtes, insolens, d'une tenue brutale ; c'est bien pis pour ses filles, nous ne parlerons que de la dernière. Elle a vingt-deux ans, voici bientôt quatre ans qu'elle vit dans le plus affreux désordre avec un homme marié qui a encore sa femme, et des enfans bons à marier. Cet homme, que le public a surnommé le *vieux polisson,* va depuis tout ce temps coucher avec la jeune personne ; le père et la mère le savaient : car ils laissaient exprès la jeune fille seule dans une chambre : cet individu allait passer les journées entières avec elle ; cela ne suffisait pas, puisqu'il y allait encore la nuit : il promettait à la jeune fille de l'épouser lorsque sa femme serait morte. Enfin elle est enceinte et prête d'accoucher. Le père a été obligé d'en faire le triste aveu ; il en est convenu devant plusieurs personnes qui l'attesteront au besoin. D'après les aveux du père Ridoux et ceux de son gendre, l'homme qui a vécu depuis plusieurs années dans le désordre avec la jeune personne, c'est M. Lebœuffle, maire de Cires ; il ne peut plus y avoir de doute sur ce point, d'après les aveux de la famille Ridoux, et ceux de madame Lebœuffle, qui est jalouse et furieuse de la conduite honteuse de son mari. Le public n'est pas moins irrité des débauches scandaleuses de ce mauvais sujet, qui a un fils sur le point d'être prêtre et trois autres qu'il laisse sans pain ; ce qui prouve jusqu'à l'évidence que le père Ridoux était d'intelligence avec le séducteur de sa fille, c'est que, depuis le moment que la grossesse est déclarée, il a souffert que le sieur Lebœuffle vînt voir sa fille avec la même assiduité qu'auparavant. Si Ridoux eût ignoré ce commerce, n'aurait-il pas, aussitôt qu'il en a été instruit, chassé ce personnage de sa maison. On le lui a dit, il n'en a rien fait : il se contente de se lamenter et de se plaindre devant tout le monde que M. le maire l'a trompé. Le conseil municipal a été impitoyable : il a retranché une partie du traitement fait par la commune. A cela se joignait, il faut en convenir, un peu de rancune. Lors des séditions qui eurent lieu dans l'église de Cires, le père Ridoux servit de témoin, ses dépositions furent terribles. Elles chargèrent un grand nombre d'habitans, et contribuèrent beaucoup à les faire condamner.

Ainsi, les instituteurs primaires de Cires et de Mello se trouvent dans une position affligeante par suite des charges qui pèsent sur eux. Peut-être que les honnêtes gens en auraient eu pitié, et les auraient tirés de la mauvaise position où ils se trouvent, si ces deux instituteurs ne se fussent aliéné, par leur conduite lâche et indigne envers M. Juin, tout ce qu'il y a de bien pensant dans la population. Lorsque ces deux individus virent que la cabale se ruait sur M. Juin avec une fureur qui tenait de la rage, au lieu de gémir intérieurement de ce qui affligeait le peuple, ou au moins de rester calmes et neutres, ils vinrent avec empressement donner à ce digne ecclésiastique le coup de pied de l'âne. Ils l'attaquèrent sourdement, avec déloyauté et bassesse. L'un d'eux alla jusqu'à Beauvais porter des calomnies contre un homme dont la conduite est irréprochable. Tous deux ont plusieurs fois fait le voyage de Creil dans le même dessein. L'œil du public a éclairé toutes leurs démarches : en vain ils voudraient maintenant les nier.

Comme les altercations survenues entre M. l'abbé Juin et ses adversaires prenaient de jour en jour un caractère plus difficile, et que l'animosité allait toujours croissant, par suite de la partialité de MM. Ancel, Lebœuffle et consorts, M. Feutrier, préfet de l'Oise, avait, depuis trois semaines, chargé M. Petitjean, maire de Precy, de venir sur les lieux prendre des informations. Soit hasard, soit préméditation, M. le commissaire n'alla voir que les persécuteurs du curé. Cette visite même fut si secrète, qu'elle ne fut connue qu'au bout de cinq jours, encore d'une manière tout-à-fait fortuite. Un habitant de Precy ayant, par ses relations fréquentes avec M. Petitjean, su l'affaire, en parla d'une manière assez vague. Le bruit s'en répandit subitement, on forma des conjectures. Bientôt le rapprochement des circonstances et de nouvelles révélations firent connaître ce que l'on avait voulu tenir secret. Quelques torts qu'eussent les maires, l'administration, qui les avait jusque-là maintenus contre toute justice, se trouvait intéressée à les maintenir encore, et à cacher ou au moins à pallier leurs excès, pour éviter des reproches légitimes : c'est pour cette raison que le commissaire devait examiner, non pas si les maires avaient eu des torts, ce que l'on voulait éviter de savoir et de mettre en évidence, mais de savoir si le curé n'aurait pas eu quelque chose à se reprocher. Il fallait lui trouver des torts à tout prix : c'est pour cela que l'envoyé ne devait voir que ses ennemis acharnés. Ce qui nous porte à croire que les informations devaient être prises dans le sens désigné plus haut, c'est que les lettres adressées par l'autorité à M. Petitjean étaient si hostiles au curé, qu'elles préjugeaient la question. Le commissaire en est convenu lui-même. C'est ainsi qu'une fausse démarche conduit à une autre : parce que l'administration avait maintenu, contre toute justice, deux maires prévaricateurs, elle se trouvait dans l'obligation d'avouer son erreur, ou de cacher par tous les moyens, les violences et les illégalités des deux magistrats, en rejetant tout le blâme sur un homme innocent, opprimé avec la dernière iniquité.

La population, poussée par un sentiment de cette équité naturelle qui se trouve dans le cœur de tous les hommes, alors que les passions ou un faux intérêt ne l'ont pas étouffée, la population se plaignît amèrement de la manière partiale dont l'enquête avait été faite, tout en rendant justice à la loyauté de M. Petitjean, qui n'avait agi que d'après des instructions supérieures, et qui avait pu, sans qu'il y eût rien de sa faute, être victime d'une erreur qu'il n'avait pas été à portée de connaître ; la lettre suivante fut adressée à *la Tribune* par plusieurs d'habitans estimables. En exposant les faits avec une exactitude scrupuleuse, ils demandaient à la publicité la justice qu'on leur déniait.

Département de l'Oise, arrondissement de Senlis, canton de Creil, commune de Mello.

Monsieur,

Nous vous prions, dans l'intérêt de la liberté, de l'ordre et de la justice, d'accorder, dans votre excellent journal, place aux faits suivans :

Cinq à six particuliers de la commune de Mello et environs, autant de celle de Cires, ont fait, sous l'influence de leurs maires respectifs, une pétition au préfet et à l'évêque de l'Oise, pour demander le départ de M. Juin qui, en qualité de curé, dessert les deux communes de Cires et de Mello, lesquelles sont tellemement rapprochées qu'elles ne forment qu'un seul gros bourg de 1800 âmes environ. Une autre pétition, sur laquelle se trouvent plus de cent signatures d'habitans respectables des deux communes, a été faite, au nom de la population, pour demander à conserver cet ecclésiastique :

On y prouve 1° que la conduite de M. Juin a été prudente, sage, en un mot irréprochable, et que ce ne peut être que par son patriotisme franc et prononcé qu'il a déplu à ses antagonistes. Les habitans sont unanimes sur ce point;

2° Que ses accusateurs n'ont agi contre lui que par des motifs de rancune peu honorables;

3° Que le sieur Ancel, maire de Mello, s'est conduit à l'égard du curé avec violence et partialité; car après avoir légalisé les signatures au nombre de six, qui demandaient le départ de M. Juin, il a refusé de légaliser les signatures, infiniment plus nombreuses, qui demandait à le conserver, et s'est emporté contre les habitans et contre le curé, contre lequel il a proféré de grossières injures. Nous ne parlerons point des autres illégalités commises par ledit Ancel dans cette affaire, nous en citons quelques-unes dans notre lettre précédente, insérée au *Constitutionnel* du 21 avril.

Nous ajouterons ici que M. Lebœuffle, maire de Cires, avait aussi fait délibérer la pétition contre le curé dans son conseil municipal, et avait fortement engagé les assistans à la signer. Nous remarquerons :

1° Que l'adjoint de Cires assistait en même temps que le maire à ce conseil et y avait voix délibérative, au mépris des lois;

2° Que le sieur Lebœuffle, en occupant le conseil de la pétition, l'a occupé d'une chose étrangère au but de la réunion, qui était de délibérer sur le budget de la fabrique;

3° Que le sieur Lebœufle, qui avait légalisé les signatures pour le départ du curé, a refusé de légaliser celles qui demandaient à le conserver, et à joint à son refus, des paroles fort mortifiantes et qui ont beaucoup étonné le sieur Fleury, lequel, au nom des habitans, lui présentait la pétition à légaliser;

4° Tout le monde ici sait que le complot contre le curé a été formé et conduit par les sieurs Ancel et Lebœuffle, secondés par cinq ou six hommes dévoués;

5° Ils avancent dans la dénonciation, qu'ils agissent au nom des deux conseils municipaux réunis, de Cires et de Mello, et d'après le vœu formel des membres des deux conseils; or il est absolument inexact que les deux conseils se soient réunis dans cette affaire; il n'est pas vrai non plus que les membres du conseil aient unanimement demandé le départ du curé, puisque à Mello seulement, six conseillers sur dix, ont protesté contre la dénonciation, et que le sieur Flan, septième membre du conseil de la même commune, n'a signé la dénonciation que parce qu'il a été trompé sur le contenu et sur le but de la pétition. Il a, dit-il, signé de confiance sans lire, et croyant, d'après ce qu'on lui disait, qu'il s'agissait d'une affaire toute différente.

Dans la pétition adressée par nous et toute la population à l'autorité civile, pour conserver notre curé, nous demandions à M. le préfet de faire prendre des informations publiques sur la

vérité de nos assertions. Qu'à fait M. le préfet? Il a envoyé M. Petitjean, maire de Précy et posseseur du château de l'endroit, à
Mello et à Cires pour examiner cette affaire. Sans doute M. Petitjean est un homme fort estimable; mais voici les remarques
que nous soumettons à M. le préfet afin qu'il puisse prononcer
avec une entière connaissance de cause :

1° M. Petitjean étant venu dans les deux communes, a été
prendre ses informations chez M. Ancel, maire de Mello, et chez
M. Lebœuffle, maire de Cires ; puis s'il a vu quelques autres personnes, ce sont celles que ces deux maires lui auront indiquées : or,
ces deux maires étant justement les deux antagonistes du curé, peuvent, sans injure, être soupçonnés d'avoir présenté les choses sous une
couleur plus favorable à leur antipathie que conforme à la vérité.

2° M. Petitjean, pressé sans doute par d'autres affaires, a
pris ses informations avec tant de célérité, que, le 22 avril, parti
à midi de Précy pour venir à Cires et à Mello, examiner l'état
des choses, il était de retour avant cinq heures du soir, le même
jour à Précy, sa résidence, quoique la distance de Précy à Cires
et Mello ne soit pas moindre de deux lieues.

3° Les informations ont été prises si secrètement que nous
avons été jusqu'à aujourd'hui, 25 avril, sans savoir la visite que
M. Petitjean vient de faire dans nos paroisses. Nous aimons à
croire que M. le préfet accueillera avec réserve ses renseignemens,
non pas que nous veuillons suspecter en rien la probité de M. Petitjean ; mais M. Petitjean, peu instruit de l'affaire, est
tombé chez des gens qui avaient tout intérêt à lui cacher la vérité, ce qui ne fût pas arrivé si sa visite avait été annoncée. Qui
croira, par exemple, que M. Lebœuffle ait pu parler un langage
désintéressé concernant le curé, lorsque l'on sait que ce même
M. Lebœuffle s'est montré le constant adversaire du curé depuis
le premier jour de son arrivée jusqu'à ce moment ! On sait que
quelques personnes voulaient avoir pour curé M. Féron, desservant de Bury. M. Juin n'étant pas l'homme désiré, fut fort mal
accueilli, le 10 octobre 1830, jour de son entrée dans la paroisse.
Une petite cabale vint le chasser de l'église. Le sieur Lebœuffle
était présent : que fit-il pour calmer le désordre? Il est à remarquer même que le désordre ne commença qu'après que le maire,
avec une petite escorte, fut entré dans l'église. Les gens de sa suite
firent un tapage affreux ; les citoyens paisibles s'enfuirent. Bientôt M. Lebœuffle se retira, persuadé que le nouveau curé ne pourrait célébrer l'office au milieu d'une séditition. Le nouveau curé
pardonna tout. L'impunité enhardit les auteurs du désordre : ils
revinrent le 21 novembre suivant et se portèrent à des excès plus
crians encore : mais comme il paraissait plus difficile que jamais
d'avoir M. Féron pour curé, et que ce serait trop le compromettre que de faire une seconde sédition en son nom, les cabaleurs reçurent un autre mot d'ordre, c'était *qu'ils voulaient que
leur église fût érigée en succursale*, car Cires est annexe de

Mello. En vain le curé leur représenta qu'il ne s'opposait point à leur désir ; qu'il était même prêt à les seconder de tous ses moyens : ils ne voulurent rien entendre, parce que le but secret des instigateurs était de faire partir M. Juin, et de livrer sa place vacante à l'homme de leur goût. Le tumulte et les violences furent extrêmes. Le sieur Lebœuffle était absent. Le curé envoya deux fois chez lui pour le prier de venir. Il refusa sous de frivoles prétextes. Le sieur Ediard, adjoint de Mello, écrivit au procureur du roi ce qui venait de se passer. Ce magistrat sévit. M. Juin travailla de tous ses moyens à faire diminuer la peine prononcée contre les coupables. L'ordre se rétablit, et l'union reparut entre les habitans des deux communes. Les choses étaient dans cet état de calme lorsque les nommés Lèbœuffle, Trouart, de Cires; et les nommés Ancel, notaire et successeur du sieur Seillière, ancien maire sous Charles x, Ediard, Biet, Legrand et Monmineau, ont jugé à propos de faire une pétition pour le départ du curé. Cet écrit a de nouveau réveillé toutes les divisions assoupies.

Tel est la cause véritable de l'inquiétude et de l'agitation qui règnent ici. Les habitans se sont indignés en voyant l'injustice avec laquelle on voulait perdre un homme qui avait su gagner l'affection et l'estime générales.

Nous vous prions, monsieur, etc.
Mello, 25 avril 1831,

> Vachette, Veret, Boissière, Damiens, Dufay, Noel, *Membres du Conseil municipal de Mello;* Dugardin, Bonnetier; Beuvrier, Propriétaire; Brice Damiens, id.; Gerin, id.; Valmier, id.; Depuille, id.; Pierre Noel, id.; Duhamme, id.; Pierre Veret, marchand Drapier; Lefebvre, Meunier; Loire aîné; Leroi; Charpentier, Fleury, Propriétaire et Crafk, *habitans.*

La cabale essaya de répondre à cette lettre ; M. Lebœuffle, aidé par MM. Ancel, Duquesnel, prêtre marié, et les frères Legrand, se chargea de ce travail. Il est à remarquer que dans sa réponse il n'osa contester aucun des faits avancés à sa charge et à celle de ses partenaires; il se livra à des récriminations, il avança des absurdités si frappantes que *le Patriote de l'Oise* s'en moqua tout haut, malgré la modération qu'il apporta dans l'examen de cette affaire. Le style de la lettre ne valait pas mieux que les idées, il était entortillé, obscur, plat et insignifiant ; nous ne ferons pas l'injure à M. Lebœuffle *de croire que cette lettre ne fut pas de lui,* elle est assurément son ouvrage. Il avançait entre autre choses, que la lettre précédent n'était pas de ceux qui l'avaient signée, donnant à entendre qu'il les regardait comme des imbéciles, incapables de juger ce qu'ils avaient signé ; cette idée outrageante pour le peuple était d'Ancel, qui, doué d'une instruction médiocre et d'un jugement plus médiocre encore, affecte, dans son langage habituel le plus profond mépris pour le peuple ; mais ce peuple, pour lequel il professe un si profond dédain, avait plus de bon sens que lui : d'ailleurs dans les rangs du peuple du lieu se trouvent deux hommes instruits, et d'une capacité reconnue, ils ont paré tous les coups de la faction, ils pouvaient même pousser beaucoup plus loin M. Ancel et ses acolytes ; mais la modération qui les animent ne leur a pas permis d'oser tout ce qu'ils pouvaient : leur but n'était que de défendre un innocent, et non pas de perdre les hommes coupables qui le persécutaient.

Quoique M. Juin, par suite d'un désintéressement très-rare, fût resté étranger au débat élevé entre la cabale et la masse du peuple, M. Lebœuffle, sous l'influence de ses conseillers, se livra, dans sa lettre, aux plus violentes attaques contre cet ecclésiastique ; celui-ci se trouva donc, à son grand regret, dans l'obligation de répondre ; la douceur et le calme respirent d'un bout à l'autre de sa réponse :

Au Rédacteur de la Tribune.

Monsieur,

On vient de me communiquer un numéro de *la Tribune* du 10 mai, dans lequel je vois une lettre de M. Lebœuffle, maire de Cires, en réponse à une autre lettre d'une vingtaine d'habitans de Cires et de Mello. Si M. Lebœuffle se contentait de se justifier des charges trop incontestables qui pèsent sur lui, et de répondre uniquement aux signataires de la lettre, je n'aurais rien à dire ; mais à l'exemple de ceux qui, n'ayant aucune raison à alléguer pour leur défense, se perdent dans des suppositions chimériques et cherchent à faire illusion en changeant de sujet, le sieur Lebœuffle sort de la question et m'attaque sans que j'aie rien fait contre lui. Le soin que j'avais mis jusqu'ici à rester étranger à toutes les querelles et les petits services que, tout récemment encore, j'ai rendus à M. Lebœuffle, avec un désintéressement qu'il ne contestera pas, malgré la conduite qu'il avait antérieurement tenue à mon égard, tout cela me fesait espérer qu'il me laisserait en paix. Puisque mon espoir a été trompé, et qu'il élève contre moi des accusations, il faut que je me justifie.

Après la mort de l'ancien curé de Cires et de Mello, M. Le-

bœuffle désira avoir pour son successeur, M. Feron, desservant de
Bury, avec lequel il était intimement lié. L'autorité ecclésiastique,
pour des raisons très sages, crut devoir envoyer à Cires et à
Mello, M. le curé d'Appremont. Il se présenta. M. Lebœuffle lui
déclara que s'il venait prendre possession, il serait lapidé par les
habitans, qui voulaient, disait-il, le sieur Feron. Il n'en était rien.
Les habitans étaient, et sont encore, fort indifférens à ce que ce
soit Pierre ou Paul qui devienne leur curé. Cependant, M. le
desservant d'Appremont, effrayé de tout ce que lui avait dit
M. Lebœuffle, ne reparut plus. L'évêché me donna la commission
difficile de venir desservir Cires et Mello. Je vins. M. Lebœuffle
essaya auprès de moi les mêmes moyens. Son but était d'écon-
duire doucement tous les curés qui viendraient, et de forcer les
supérieurs ecclésiastiques à condescendre au désir ardent qu'il
manifestait en faveur dudit Feron. Il se trouva que j'étais moins
facile à convaincre. Lorsque l'on vit que les prédictions sinistres
ne fesaient que peu d'impression sur moi, on résolut d'avoir recours à des moyens plus persuasifs. Je me présentai à l'église de
Cires, le 10 octobre 1830, jour de dimanche et le lendemain de
mon arrivée. Un peuple immense y était réuni ; tout était calme.
J'allais célébrer l'office, lorsque deux envoyés vinrent me prier
d'attendre M. le maire et son conseil, ajoutant que je ne pouvais
dire la messe sans LEUR PERMISSION SPÉCIALE. Ils arrivent et feignent
de délibérer au banc d'œuvre, SI L'ON M'ACCORDERA OU NON LA
PERMISSION QU'ILS DISAIENT INDISPENSABLE. Pendant ce temps, quatre à cinq hommes, venus à la suite du maire, se disséminent dans
les groupes. Ils disent d'abord à demi-voix qu'il faut me chasser,
que je n'ai pas de pouvoirs et que je trompe le peuple, que c'est
M. Feron qu'il faut.

Le désordre augmente : je prie M. le maire, qui avait en main
tous mes titres, de les faire connaître et de démentir ces propos
séditieux ; il demeure sourd. Tous les gens paisibles se tournent
vers lui, espérant qu'il va employer au rétablissement de l'ordre
l'autorité que les lois lui avaient confiée à cet effet. Leur espoir
est trompé : il se tait et se retire. Le tumulte était assez fort pour
que je fusse forcé de partir. Les hommes qui servaient d'instrumens à ce désordre proférèrent contre moi beaucoup d'injures,
chassèrent le peuple, et l'un d'eux me donna un coup de poing.

J'ai été témoin oculaire de tous ces faits, et je pourrais ajouter
bien d'autres circonstances qui ne seraient pas favorables à M. Lebœuffle, comme de m'avoir voulu enlever la clé de l'église dès
le matin, puis de me l'avoir fait arracher au milieu du tumulte.
Je ne fis aucune poursuite, je pardonnai : ce que M. Lebœuffle
avait prévu arriva. Je voulus me retirer d'une paroisse où l'on
m'outrageait sans me connaître. Les principaux habitans de
Mello vinrent me supplier de rester. Leurs instances, jointes aux
ordres de mes supérieurs, me déterminèrent à changer de résolution. Je restai. Je revins à l'église de Cires le 21 novembre sui-

vaut. J'en prévins M. Lebœuffle et lui dis que son devoir était de veiller au maintien de l'ordre. Il n'en tint compte. La même cabale, renforcée de quelques prolétaires, renouvela les mêmes désordres. Il serait impossible de peindre les vociférations, les hurlemens, les blasphêmes dont le lieu saint retentit. A cette fois, on ne parlait plus de M. Feron ; on avait pensé que ce serait trop le compromettre que de faire une seconde sédition en son nom : le mot d'ordre était de faire ériger l'église en succursale ; car Cires est annexe de Mello. Je leur dis à cet égard les choses les plus obligeantes : tout fut inutile ; j'envoyai deux fois prier M. le maire de venir, il refusa. M. le procureur du roi, instruit de tout par l'adjoint de Mello, sévit. J'intercédai en faveur de mes paroissiens. Je conserve encore une lettre du procureur du roi qui en contient la preuve. Ce magistrat parut inflexible. Je l'allai voir le jour même du jugement, avec l'avoué des prévenus. Je priai M. Durantin de les faire absoudre ou du moins d'adoucir ses conclusions. Ma prière fut écoutée. Le châtiment fut modéré. Les prévenus avouèrent, devant le tribunal, qu'ils n'avaient agi que par ignorance, et c'est ici la voix publique : que si M. Lebœuffle leur eût, comme son devoir l'y obligeait, fait connaître les lois sur la liberté du culte, ils n'y auraient point mis d'entraves.

Malgré les intrigues sourdes qui avaient remplacé les violences ouvertes, et une sorte de persécution occulte, organisée dans le but de désoler la patience du curé et d'empêcher ses paroissiens de s'approcher de lui, les choses se rétablirent. L'église de Cires vit une grande affluence de monde, surtout les jours des Rameaux et de Pâques. C'est alors que les deux maires firent la pétition citée dans votre journal du 30 avril. Toutes les circonstances qu'on y relate sont d'une exactitude parfaite. Les deux paroisses de Cires et de Mello présentent le singulier spectacle de deux maires luttant contre une population de 1800 âmes à laquelle ils veulent arracher un curé qu'elle affectionne, pour lui en imposer un autre de gré ou de force. Je dis deux : car M. Ancel, notaire et maire de Mello, s'est fait, on ne sait pourquoi, le champion de la cabale de Cires. La chose lui a mal réussi. Il s est mis tous les habitans à dos. La cause que ces deux magistrats ont entrepris de défendre est si mauvaise, qu'ils en sont réduits à dire que si l'on m'a outragé deux fois dans l'église de Cires, c'est ma faute ; on serait tenté de prendre cette raison pour une plaisanterie.

Voici la deuxième fois que MM. Ancel et Lebœuffle m'attaquent au sujet des habits de la garde nationale de Mello. Ils ne sont pas heureux dans le choix des armes qu'ils emploient pour me combattre. J'ai d'abord voulu garder le silence ; mais puisqu'ils reviennent à la charge sur ce point, je veux expliquer le fait tel qu'il est. Ce que je vais dire est à la connaissance des habitans. Dans la garde nationale de Mello, étaient plusieurs hommes pleins d'honneur, mais peu fortunés. Ils n'avaient pas les moyens de se procurer l'uniforme. Voyant que personne ne songeait à eux, je

proposai une souscription en leur faveur, et pour donner l'exemple, je souscrivit le premier pour dix francs, mes paroissiens me
secoudèrent. M. Ancel lui-même vint se faire inscrire ; mais il eut
la prétention de s'inscrire le premier, quoique venu à peine le
sixième. Son but était de s'attribuer l'honneur d'avoir mis l'affaire en train. Cependant il parle avec mépris de la *mince somme*
que j'ai donnée ; moi, je le prierai de me dire si la somme qu'il
a donnée était plus forte que la mienne. Il semble que lorsque le
curé souscrivait pour dix francs, le notaire devait mettre au
moins quelque chose de plus, puisque ses rétributions sont un
peu plus fortes.

Comme M. Lebœuffle s'identifie avec M. Ancel, je lui demanderai à son tour combien il a donné pour habiller la garde nationale de sa commune. A-t-il employé seulement dix centimes à
cet usage? Y a-t-il dans sa garde nationale qu'il nous vante un
seul homme d'habillé?

Je regrette que ces messieurs m'aient, par leurs attaques violentes et multipliées, forcé à descendre dans l'arène pour les combattre ; mais puisqu'ils m'y ont amené, je n'en sortirai pas que le
combat ne soit fini. Je les préviens qu'un travail se prépare afin
que la vérité soit connue. Je vois que M. Ancel m'accuse d'être
vindicatif ; s'il voulait être juste, il pourrait mieux que personne
me disculper à cet égard. Il n'ignore pas que j'ai des témoins des
injures qu'il a vomies contre moi ; je pouvais le citer devant les
tribunaux, je ne l'ai pas fait. Il semble que mon indulgence ne
devrait pas au moins servir de texte à ses déclamations.

J'ai l'honneur d'être, etc.

Mello, 12 mai 1831.

Juin, Curé de Mello.

Ces publications eurent pour résultat d'obliger à de nouvelles informations, ce qui contraria beaucoup les cabaleurs,
tous partisans du mystère. M. Petitjean revint, comme
nous le dirons dans un moment. Cependant les adversaires
acharnés de M. Juin remuaient ciel et terre pour donner
crédit à leurs impostures ; il ne se passait pas de jour que la
poste ne fut chargée de transmettre à l'évêché et à la préfecture, de nouvelles dénonciations, où l'aveuglement le disputait à l'absurdité ; cela ne suffisait pas encore à la haine de
la bande persécutrice : on eut recours aux faux bruits ; on
répandit partout que s'en était fait, que M. le préfet et l'é-
vêché étaient convenus d'envoyer notre pasteur dans une
petite paroisse de campagne ; le peuple le crut et en fut cons-

terné. Dans la pensée qu'il leur était impossible de le retenir plus long-temps , ils firent les deux lettres suivantes pour être livrées à la publicité : ils espéraient qu'elles seraient utiles à un homme qu'ils affectionnaient vivement. On voulait les adresser aux journaux de la capitale. Lorsque M. Juin en fut instruit, il s'y opposa; l'une de ces lettres était adressée à M. le ministre des cultes, l'autre au rédacteur de *la Tribune.* Les voici toutes deux, telles qu'elles ont été faites et signées :

A M. le Ministre des Cultes.

Monsieur le Ministre ,

M. l'abbé Juin, notre curé, est sur le point de laisser notre paroisse. La place qu'il a occupée ici était d'une difficulté extraordinaire ; notre population de 1800 ames , est partagée en deux paroisses dont l'une est annexe de l'autre. Chacune de ces paroisses voulait être la succursale et loger le curé; aucune ne consentait à céder. En mêlant la fermeté à la douceur et à la prudence , M. Juin était parvenu à calmer les divisions et à réconcilier les esprits. Le calme commençait à renaître et à se consolider, lorsque pour complaire à quelques personnes mal pensantes de l'endroit, dont les opinions sont peu en harmonie avec les nôtres, l'autorité nous enlève cet ecclésiastique connu par son amour de la paix et de la liberté : on nous l'ôte pour le mettre dans une autre paroisse de campagne. Il nous semble qu'une place de ce genre ne peut guère convenir à un homme doué des plus grands talens et d'une instruction remarquable. Au moment de perdre cet ecclésiastique, voulant lui donner une nouvelle marque de notre estime et de nos regrets, nous le recommandons, M. le Ministre, à votre bienveillance. Ami de l'ordre et de l'obéissance au pouvoir, dès 1827, il publia en faveur des ordonnances du 16 juin, un écrit remarquable par le style et les pensées, dans lequel il exhortait le clergé à cesser une opposition condamnée par la morale. Son *Éloge historique de Saint-Charles Borromée,* est empreint des doctrines évangéliques dans toute leur pureté. Si les bruits publics ne nous trompent, il paraîtrait que M. Juin travaille depuis plusieurs années à un autre ouvrage plus étendu et qui doit, dit-on, rendre de grands services à la cause religieuse constitutionnelle. Depuis la révolution de juillet, ses exemples et ses discours ont porté tous ceux qui ont eu des relations avec lui, à garder au gouvernement, amour et fidélité. Il y a quelques mois que, plusieurs gardes nationaux, peu fortunés, de notre commune, étant hors d'état de s'habiller, M. Juin pro-

posa lui-même une souscription en leur faveur ; et, donnant
l'exemple, il souscrivit le premier. Ses paroissiens s'empressèrent
de prendre part à cette œuvre patriotique. La garde nationale
n'avait point d'armes ; il vient de faire toutes les démarches nécessaires pour en obtenir du gouvernement.

Nous croyons, M. le Ministre, qu'une conduite si modérée, si
estimable et si loyale fixera votre attention et que, sous un gouvernement où l'on ne récompense que le mérite, M. Juin ne sera
pas oublié. Nous vous prions instamment, en notre nom et dans
celui de nos concitoyens, de prendre en considération la demande que nous vous fesons en faveur de ce digne prêtre. Ce sera
un encouragement pour ceux qui ont le désir de marcher sur ses
traces.

Agréez, s'il vous plaît,

Monsieur le ministre,

L'assurance du profond respect de vos
très humble serviteurs soussignés,

VACHETTE, Membre du Conseil ; DAMIENS, id. ;
BOISSIÈRES, id. ; GATTELIER, Tisserand ; NOEL,
Membre du Cons. ; DUFAY, id. ; VERET, id ;
Pierre VERET, Marchand de draps ; DUGAR-
DIN ; BEUVRIER, propriétaires ; GERIN, id. ;
de MORLAINE, id. ; DUHAMME, id. ; FOISSY, id. ;
Pierre NOEL, id. ; BONNAMY, id. ; MEZIÈRES,
id. ; LEFEVRE, Meunier ; DEPUILLE ; FLEURY ;
Pierre-Nicolas AUBIN ; Charles VERET ; LE-
ROY ; CRAFK ; BANSE père ; V. BANSE fils ;
LOIRE aîné ; Louis GUYET ; BERRY ; MERLIER ;
TAILLARD, Jean-Baptiste TROUART.

Mello, 10 mai 1831.

A M. le Rédacteur de LA TRIBUNE.

Monsieur,

S'il est juste de condamner ceux des prêtres qui se montrent
hostiles à nos institutions, il est juste aussi de louer, de soutenir
et de signaler à la reconnaissance publique, ceux de ces mêmes
prêtres qui se montrent tolérans et soumis aux lois. Or, tel est
M. l'abbé Juin, notre curé. Nous ne citerons, à l'appui de ce qui
vient d'être avancé, que des faits qui sont ici à la connaissance de
tout le monde.

M. Juin fut envoyé dans nos paroisses au commencement d'octobre 1830. Le jour même de son arrivée, cinq à six hommes, égarés par de mauvais conseils, l'insultèrent sans qu'il l'eût mérité, et mirent des entraves à l'exercice du culte. On exhortait-le nouveau curé à sévir ; il refusa : disant qu'il aimait tous ses paroissiens, même ceux qui l'outrageaient sans le connaître. L'impunité enhardit les malveillans, ils l'insultèrent une seconde fois. Le procureur du roi fit punir les perturbateurs. M. Juin intercéda vivement pour eux ; ce jeune prêtre, ami des lumières, vient de donner un bel exemple à ses confrères en souscrivant à Beauvais pour la propagation de l'enseignement mutuel. Le jour de la Pentecôte, eut lieu à Mello la première communion des enfans. Cette fête attira un concours prodigieux. On exhortait M. Juin à faire la procession à l'extérieur de l'église, il s'y refusa disant qu'il fallait donner l'exemple de la soumission aux lois. Il avait déjà fait de même pour les Rogations ; il s'était abstenu de faire les processions d'usage. Les amis de la paix verraient avec plaisir que tous les curés se conduisisent avec la même réserve. On entendrait moins de plaintes dans les papiers publics : la morale et la religion y gagneraient. Le jour de la Fête-Dieu dernière, M. Juin vient encore de donner un bel exemple : toutes les cérémonies ont été renfermés dans l'enceinte de l'église, aucune procession n'a eu lieu à l'extérieur.

La garde nationale de Mello comptait dans ses rangs plusieurs hommes peu en état de se procurer l'uniforme, à raison de la médiocrité de leur fortune. M. Juin proposa une souscription en leur faveur et souscrivit le premier pour dix francs, ses paroissiens le secondèrent si bien que le produit de la souscription suffit pour habiller quatorze gardes nationaux. Un fonctionnaire public avait vomi contre cet ecclésiastique des propos injurieux ; il y avait des témoins, on engageait le jeune curé à citer devant les tribunaux ce fonctionnaire scandaleux. M. Juin pria ceux qui lui donnaient ce conseil de lui laisser la satisfaction de pardonner. Dans la première communion qu'il vient de faire, se trouvaient les enfans de quatre ou cinq habitans, qui s'étaient rendus coupables envers lui de torts très graves. On lui conseillait de renvoyer ces enfans, en lui disant que l'occasion était belle de venger les outrages qu'il avait reçus de leurs pères. « Eh bien ! a dit le curé, si leurs parens m'ont fait du mal, moi je veux leur faire du bien ». Il a tenu parole : on l'a vu s'appliquer, pendant longtemps, à former, avec un soin infatigable, tous les enfans du lieu, sans distinction, aux vertus sociales et évangéliques. Qui croirait que deux ou trois pères, au lieu de remercier M. Juin des peines qu'il s'est données à faire l'éducation morale de leurs enfans, viennent de faire, contre lui, une démarche qui aurait pour résultat de lui faire perdre sa cure ? L'indignation publique l'a vengé, en leur imprimant la tache honteuse de l'ingratitude.

Ce curé, que tout le peuple estime et affectionne, est en butte aux attaques quotidiennes d'une petite faction, qui voudrait nous l'enlever. Cette faction, qui existe aux alentours, est marquée d'une forte empreinte de carlisme, comme on peut en juger par ce qui suit : Cette faction compte dans ses rangs, 1° un homme qui, après les journées de juillet, s'opposa de tous ses efforts à ce que le drapeau tricolore fût arboré sur le clocher : il fallut, pour ainsi dire, lutter avec lui corps à corps, car dans l'absence du maire il remplissait, comme adjoint, les fonctions municipales ; 2° un maire, dont le fils a, dit-on, été élevé chez les jésuites : ce maire n'a rien fait, le premier mai dernier, pour solenniser la fête de Louis-Philippe ; 3° une famille tout entière, qui, lors du passage de la duchesse d'Angoulême, employa mille moyens pour obliger les habitans à manifester un enthousiasme qu'ils ne partageaient pas : cette famille voulait des priviléges. Nous aurions encore des choses plus fortes à dire sur ces divers points ; mais nous y reviendrons, si l'on nous y oblige : telle est la faction minime et réprouvée qui poursuit M. Juin. Tout le peuple, qui est franchement patriote, à l'exception d'un petit nombre, qui vivent des miettes tombées de la table de certains riches de la faction, tout le peuple, dis-je, s'est prononcé pour un curé qui partage ses sentimens. Les deux chefs ostensibles de cette petite faction sont deux maires, dont l'un est notaire. Tous deux sont à la solde d'un gros banquier, dont les antécédens carlistes ne permettent pas le moindre doute sur les opinions de ses deux serviteurs dévoués. On a déjà signalé ces deux maires pour des abus d'autorité, à M. le préfet de l'Oise. Justice n'a pas encore été faite. On a lieu de croire qu'elle ne le sera pas.

Nous avons l'honneur d'être avec une parfaite considération,

Monsieur,

Vos très humbles et très obéissans serviteurs,

LOIRE aîné, FLEURY, LOUCHÉ, Charles BENSSE , BERRY , DUHAMME , propriétaire, A. VERET, Louis LECLERC.

Le peuple fesait diversion à son chagrin, en témoignant de mille manières son attachement à un pasteur vénéré. Le désir de l'obliger était si vif, si sincère, que si l'on n'eût craint de le contrister, l'on se serait porté à tout pour confondre ses ennemis, car on savait qu'il ne voulait opposer à leurs emportemens que les procédés de la douceur et de la loyauté.

Sur ces entrefaites, M. Petitjean revint prendre de nouvelles informations. L'espoir commença de renaître dans tous les cœurs, parce que l'on ne doutait point que si la chose était examinée avec impartialité, les deux maires ne fussent punis de leurs injustices. Ce qu'il y a de singulier et d'inexplicable, c'est que l'on rapporte que M. le commissaire aurait dit quelque part, que les nouvelles investigations auxquelles il se livrait, n'étaient que pour complaire aux amis de M. Juin, et les empêcher de se plaindre; que quant à lui, son opinion était faite et qu'elles n'y changeraient rien. Si cela est vrai, il s'en suivrait que M. Petitjean, qui n'avait vu encore que MM. Ancel, Lebœuffle, Ediard et les Legrand, s'en serait rapporté à leurs dépositions. Or, ces individus sont précisément les persécuteurs du curé, et ceux dont il s'agissait de punir les attentats; comment espérer connaître la vérité, lorsque l'on appelle en témoignage ceux-là même qui ont tout intérêt à la cacher? comment rendre justice à un innocent, si l'on n'interroge que ses calomniateurs et ses bourreaux?

M. Petitjean se rendit à son arrivée à Mello, chez M. le curé; il lui expliqua le sujet de sa visite, et lui demanda des renseignemens, il lui donna même à lire le mémoire que M. Ancel avait fait contre lui. Le langage de cet écrit était partout, violent, grossier, brutal; M. Petitjean ne put s'empêcher d'en convenir. Partout la vérité y était méconnue, outragée, déguisée, défigurée; partout des suppositions gratuites, injurieuses, mêlées à cent inepties. L'incohérence de cet écrit était si marquée, que pour le réfuter, il suffisait d'en noter les contradictions et les absurdités. La lecture en était si repoussante, que M. le commissaire craignit au commencement qu'elle ne fît trop de peine à M. Juin, et ne lui donnât de l'irritation. M. Juin le rassura à cet égard, en lui disant qu'il était habitué au style acerbe de M. Ancel; il lut tout dans le plus grand calme, sans proférer une seule parole désobligeante, et écrivit, dit-on, quelques notes en marge. Il paraît que le curé fut satisfait de M. le commissaire; car le soir il en parla devant les membres du conseil municipal, dans les termes les plus honorables. Les fréquentes relations que M. Juin avait avec des personnes estimables de l'endroit m'ont mis à même d'apprendre beaucoup de particularités d'un grand intérêt. M. Juin s'étant aperçu, ou ayant au moins cru s'apercevoir, dans l'entretien qu'il avait eu avec l'envoyé du préfet, que le plan à l'effet d'obtenir des dépositions sur l'état des choses, n'était pas propre à conduire à la fin que l'on semblait vouloir atteindre, coucha sur le papier les réflexions suivantes. Il se hâta de les adresser à M. Petitjean, qui n'en a pas tiré le parti qu'en attendait l'auteur, puisque la conduite des coupables a échappé à l'investigation et qu'ils sont eux-mêmes restés jusqu'à ce jour impunis.

A M Petitjean , maire de Précy , nommé par le Préfet pour venir examiner les troubles dans Cires et Mello.

Mello, 10 Juin 1851.

Monsieur,

Les communications que vous m'avez faites m'ont inspiré les réflexions suivantes. Si je me les permets, c'est plutôt pour les soumettre à vos lumières que pour vous donner des conseils. Je vous prie donc de les accueillir avec bienveillance.

Selon moi, il faudrait examiner :

1° S'il est vrai que, le 10 octobre et le 21 novembre 1830, des entraves aient été mises au libre exercice du culte? On ne pouvait avoir de rancune contre moi, on ne m'avait jamais vu : j'étais arrivé de la veille, le 9 octobre : on n'avait jamais entendu parler de moi;

2° Si M. Lebœuffle a fait son devoir, en usant de l'autorité que les lois avaient mises dans ses mains pour faire respecter une de nos libertés fondamentales? S'il est vrai qu'il était présent à la première sédition du 10 octobre? S'il a seulement dit un mot pour faire entendre raison aux cinq ou six individus qui criaient que je trompais le peuple, et qu'il ne fallait point d'autre curé que M. Feron, desservant de Bury. Or, il est 1° matériellement vrai que des entraves ont été mises au libre exercice du culte : le jugement du tribunal de Senlis en est la preuve ; 2° les prévenus ont déclaré hautement devant leurs juges qu'ils avaient agi par ignorance, et que, si ceux qui devaient les conduire leur avaient donné les avis nécessaires, tout ce désordre ne fût point arrivé;

3° L'on pourrait demander à M. Lebœuffle pourquoi la cloche d'alarme a été sonnée, en même temps que le tambour municipal, parcourant les rues, appelait le peuple à l'église. M. Lebœuffle dira peut-être qu'il n'avait pas ordonné de sonner la cloche d'alarme ; mais pourquoi le son du tambour pour appeler les fidèles à l'église? qui en avait donné l'ordre?

4° Est-il vrai ou non que M. Lebœuffle soit venu, accompagné de six à huit personnes, dans l'église même, et que là au milieu du peuple il ait délibéré si l'on devait accorder au nouveau curé la permission municipale de dire la messe, et tout cela sous les yeux du curé, qui se trouvait seul, sans appui, sans défense, au milieu d'un peuple que des embaucheurs cherchaient à soulever?

5° La cabale minime, qui faisait ce tapage, existait-elle avant l'arrivée de M. l'abbé Juin? M. Lebœuffle vous a avoué qu'elle existait; d'ailleurs c'est elle qui avait empêché M. Robert, curé d'Appremont, devenir prendre possession de la cure de Cires et de Mello: la preuve s'en trouve dans les lettres de mes adversaires à l'évêché. Ce n'est donc pas moi, ni mes imprudences, ni mes provocations, qui ont donné naissance à cette cabale, qui n'a cessé d'intriguer depuis dix mois;

6° Au second désordre, arrivé le 21 novembre 1830, est il vrai ou non, que j'ai successivement envoyé deux fois chez M. Lebœuffle, pour le prier de venir interposer son autorité, et qu'il s'y est refusé, faisant dire qu'il n'y était pas, quoique tout le monde l'ait vu se promener dans les rues, et plaisanter de ce qui se passait à l'église de Cires?

7° Après l'affaire de Senlis, la paix s'est rétablie, malgré une sorte de persécution occulte organisée dans le but d'éloigner les paroissiens du curé: grande affluence de monde aux jours des Rameaux et de Pâques: le peuple serait revenu plus vite sans tous les faux bruits que l'on n'a cessé de répandre: d'abord on faisait accroire aux habitans que je devais partir pour Noël, puis pour le Carême, puis pour Pâque, puis pour la Pentecôte; si M. Lebœuffle voulait être franc sur tous ces points, il pourrait faire connaître la source de toutes ces rumeurs.

Enfin le peuple était revenu; on s'en est affligé; les visites de M. l'abbé Féron se continuaient chez M. Lebœuffle; l'espérance de l'obtenir s'éloignait de plus en plus: la permanence du désordre pouvait seule conduire à ce résultat, en faisant violence à l'autorité ecclésiastique; on a donc fait une pétition où l'on m'attribue des divisions que M. Lebœuffle a reconnues devant vous, Monsieur, existantes avant mon arrivée;

8° Est-il vrai que M. Ancel se soit refusé à légaliser les signatures pour le curé? le refus en a été fait aux signataires présens. Six membres du conseil se sont présentés chez lui; il les a repoussés en disant qu'il ne légaliserait pas, à moins qu'ils ne consentissent à ce qu'il mît une apostille, les témoins sont: MM. Damiens père, Boissière père, Dufay aîné, Noel père, Auguste Veret, menuisier. Quelques jours auparavant, le sieur Ancel s'était encore refusé à légaliser un autre écrit, signé de trois habitans: ces trois signataires se sont présentés chez lui l'écrit à la main, il les a repoussés avec mépris et insulte;

9° Est-il vrai que le sieur Ancel ait accompagné son refus de légalisation d'injures grossières et violentes contre le curé? Les témoins de ce fait sont les mêmes personnes citées dans l'article précédent. Le sieur Ancel a encore renouvellé ses injures, lundi dernier, à la conférence tenue chez M. Lorentz dans un but pacifique: sa violence a tout fait échouer.

10° Est-il vrai que le curé n'avait demandé pour toute condition que de n'être plus insulté par le sieur Ancel et les gens de sa maison, et que ledit Ancel ait refusé de souscrire, après avoir dit oui ? On peut interroger : 1° Pierre Veret, négociant ; 2° M. Lorentz, riche fabricant ; et 3° M. Auguste Veret, menuisier, présens à la conférence ;

11° Est-il vrai que le jour de la Fête-Dieu, le sieur Ancel ait troublé l'exercice du culte en envoyant au pied de l'autel une lettre au curé, qui était à célébrer la messe ;

12° Est-il vrai que lorsque le curé a fait des observations au sieur Ancel sur cela, le sieur Ancel ait répondu que la messe et la religion n'étaient que des sottises ? On peut se convaincre que la conduite du sieur Ancel a été violente en toutes rencontres : la lecture de son mémoire en fournit la preuve. On est ici unanime à dire que la paix ne sera rétablie, que le jour où il ne sera plus investi de l'autorité civile.

Pardonnez, Monsieur, la longueur de ma lettre. J'aurais encore bien des choses à dire ; mais l'espace manque. Je pense que les préventions que mes adversaires ont inspirées à M. le sous-préfet, contre moi, tomberont aussitôt que la vérité lui apparaîtra tout entière.

M. Sonthonas, de Beauvais, m'a dit tant de bien de M. le sous-préfet, que je me plais à croire qu'il reviendra sur mon compte. Il se peut que, fatigué des vexations et des mille tracasseries dont j'ai ici été l'objet, il se peut, dis-je, que, dans mes lettres à MM. Desroches et Feutrier, il se soit glissé quelques expressions qui leur aient déplu ; mais ils voudront bien m'excuser en pensant aux peines innombrables qui me sont survenues, et qui ne seraient point arrivées si les deux maires eussent fait leur devoir. Je me rappelle maintenant l'association patriotique ; elle est tombée dans l'eau : on en a beaucoup parlé, il y a deux mois : je n'y ai point vu de but politique, il m'a semblé que l'on n'agissait que dans l'intérêt de l'ordre et du bien public, l'on a donc tort de m'inculper à cet égard.

Agréez, s'il vous plaît,

Monsieur,

mes excuses et mon profond respect,

Juin, curé de Mello.

Si M. le commissaire du préfet eût voulu examiner les questions posées dans cette lettre et en faire l'objet de ses recherches, ce qui, selon moi, était du devoir de l'administration, il n'est pas douteux que la culpabilité des cabaleurs eût paru dans tout son jour. On aurait vu que les deux maires avaient été les seuls auteurs des troubles, et que leurs manœuvres clandestines, remplissaient encore le pays d'intrigues, de troubles et de calomnies. Mais comme l'on craignait de les trouver coupables, l'on a évité tout ce qui aurait mis l'investigateur sur les traces de leur conduite arbitraire et illégale. Ce n'est pas que nous voulions incriminer les intentions de M.-Petitjean. Nous n'avons aucun motif de soupçonner sa probité et sa délicatesse. Nous avouons même que sa position était difficile; il se trouvait exposé à déplaire aux deux partis, quoique animé des meilleurs sentimens. Sans doute que dans un cas si épineux, il s'est déterminé à suivre le plan qui lui avait été tracé par le préfet, quoiqu'il fût uniquement dans l'intérêt des coupables, mais en en rejetant toutefois la responsabilité sur son auteur.

C'est sous l'empire de toutes ces circonstances que M. Petitjean, après de nouvelles perquisitions, composa son mémoire. On le dit écrit avec une modération remarquable. Cependant, l'on nous assure que l'auteur avance; 1° que les trois quarts des habitans de Cires sont contre M. Juin; ce qui n'est pas exact : nous pouvons affirmer qu'il n'y en a même pas la moitié : et encore si l'on retirait de ce nombre tous ceux que les cabaleurs retiennent par la crainte, dans leurs rangs, le nombre se réduirait à fort peu de chose; comme les gens paisibles se tiennent renfermés dans leurs occupations, sans se montrer dans les querelles publiques, et que les factieux et les brouillons se montrent partout, s'agittent en tous sens, ils parviennent à en imposer à un observateur superficiel. On dira peut-être que M. l'examinateur a été dans les maisons; cela est vrai, mais il n'est allé que dans un fort petit nombre, encore le hasard a voulu qu'il n'allât que dans peu de maisons avoisinant l'église; or, dans celles où il est allé, il s'est trouvé juste qu'elles, étaient habitées par les adversaires du curé; tandis qu'il a passé, on ne sait trop si on doit en faire honneur au hasard, les maisons voisines, où se trouvaient pour le moins en aussi grand nombre les amis du même curé; plusieurs familles de la rue Saint-Martin l'attendaient, il est passé et n'est entré que chez le sieur Picard, tailleur, et le seul ennemi que le curé eût dans ce quartier; on dira peut-être que M. Petitjean avait prié M. Juin de lui indiquer les personnes qu'il désirait qu'il vît; cela est vrai. M. Juin refusa d'abord, ajoutant que M. Petitjean pouvait aller indistinctement, que la chose paraîtrait plus impartiale; mais M. Petitjean ayant réitéré ses instances, M. le curé consentit à lui donner une liste d'une quinzaine de familles, de la grande rue et des rues Saint-Martin, de l'église et de Tillet. Or, qu'à fait de cette liste M. Petitjean? il n'est allé que chez deux ou trois des personnes indiquées, tandis qu'un hasard fort intelligent le conduisait sans erreur chez les antagonistes du curé?

L'on assure encore que M. Petitjean avance, 2° qu'un quart de la population de Mello est opposée à M. Juin. Or, ce fait est matériellement faux : M. Juin n'avait pas dix adversaires dans Mello; M Petitjean l'a reconnu lui-même, du moins M. Juin affirme que M. le commissaire le lui a formellement déclaré dans l'entretien qu'il a eu avec lui. Mais l'on voulait à la préfecture arriver à ce résultat, *que le plus grand nombre des habitans demandât le départ du curé*, comme ayant occasioné des divisions (qui existaient avant sa venue). Or on y arrivait droit, en avançant que les trois quarts de la population de Cires et le quart de celle de Mello avaient formé ce vœu; car Cires est beaucoup plus fort que Mello. C'est ainsi qu'à l'aide d'une supposition notoirement fausse, on parvenait à soustraire les coupables à la peine qu'ils méritaient, et à faire décider, au nom du peuple, le départ d'un homme que le peuple, avec un concert qui tenait de l'enthousiasme, voulait retenir, et garder pour son pasteur. C'est ainsi qu'en mille rencontres, les hommes mettent leurs passions à la place de la justice, et punissent les innocens des excès de leurs persécuteurs.

En quoi donc me direz-vous, consistait la modération du mémoire? le voici : son auteur n'avançait aucun fait contre M. Juin, mais il avait raison; la conduite de cet ecclésiastique avait eu l'approbation universelle. On donnait même dans le mémoire de grands éloges aux talens, à la science et à la capacité de M. Juin; on ajoutait qu'il était fait pour occuper un poste éclatant; mais tout le monde savait cela, et en convenait avant le mémoire; en conclurez-vous que M. le rapporteur avait accompli sa tâche? Ne devait-il pas aussi dire tout ce qui s'élève à charge, contre les deux maires? pourquoi a-t-il passé sous silence leurs torts les plus graves, leurs violences, leurs persécutions, les lois foulées aux pieds avec une audace qui tenait du délire? la modération consiste-t-elle à ne pas inculper l'innocent, et à pailler les forfaits du criminel? elle doit dire avec une juste mesure tout ce qui est: mais nous avons assez expliqué plus haut le secret de cette conduite.

M. Petitjean n'avait pas encore commencé son rapport, lorsque des troubles arrivés à Senlis pour la cherté des grains, appelèrent M. le préfet dans cette ville. A son retour pour Beauvais, il passa par Mello ; il descendit à la Couronne de France, dit à l'aubergiste de lui préparer une chambre à coucher et courut de là rendre visite à M. Ancel, le patron de tous les brouillons du lieu. Au sortir de chez M. le maire, il monta au château, où M. et madame Seillière l'attendaient : il y dîna, y coucha et ne partit que le lendemain, sur le soir ; il ne fut plus question, comme on voit, de son auberge, où il n'avait retenu une chambre que pour la forme, et seulement pour faire croire aux habitans qu'il ne logerait pas chez la dame Seillière, laquelle, autant par caprice que par complaisance pour son concierge et son notaire, s'était faite l'implacable ennemie du curé ; mais la crainte que lui inspirait la population, l'obligeait à dissimuler ses sentimens : aussi ce n'était que dans l'ombre, et à la faveur du mystère, qu'elle poursuivait M. Juin avec un acharnement inexplicable. Si on en cherche les motifs, on les trouve dans la faiblesse de cette dame pour deux hommes peu estimables, et surtout dans la versatilité de son caractère, versatilité si grande, qu'elle est devenue proverbiale à Mello. Au reste, on reviendra sur ce chapitre. L'écrit qui suivra celui-ci, contiendra des révélations curieuses sur la famille Seillière.

Le peuple ‘attendait que, pendant son séjour à Mello, M. Feutrier terminerait l'affaire du curé et des deux maires. Les habitans se tinrent, tout le jour, prêts à paraître avec calme et soumission devant M. le préfet ; leur but était de lui dévoiler les méfaits de MM. Ancel et Lebœuffle, mais c'était précisément ce que l'on voulait éviter. La famille Seillière et tous les Gibert de Beauvais avaient fait, auprès du préfet, les frais de la réputation de MM. Ancel et Lebeuffle. On les avait représentés, surtout le premier, comme des hommes pleins de qualités estimables, polis, doux, zélés pour l'ordre et la justice. Le motif qui détermina les Seillière et les Gibert à tenir ce langage concernant deux hommes qu'ils auraient dédaignés dans un autre temps, c'est que ces deux hommes s'étaient faits les persécuteurs d'un curé, qui avait encouru la disgrâce du banquier de la rue de Provence et de sa famille. C'aurait donc été un grand désappointement, si la population fut venue devant le premier magistrat du département, faire connaître les injustices, les violences, les abus d'autorités des deux protégés de la famille Seillière. Le peuple ne fut donc point reçu, ni même les députés qu'il avait dessein d'envoyer. M. le préfet se prêta avec complaisance à tout ce que voulût Madame; cela devait être : il est l'ami de la famille. Leurs opinions, à ce que l'on dit, sont identiques. Or, quiconque connaît les antécédens de la famille Seillière, ses extravagantes démonstrations lors du passage de Madame la duchesse d'Angoulême par Mello, et ses liaisons avec tous les Bourmont, sous le régime tombé, saura de quelle nature sont ses opinions et ce qu'il faut penser de son libéralisme replatré. D'ailleurs si le peuple ou seulement ses députés avaient été admis devant le préfet, il aurait fallu faire justice de deux maires dont la conduite criait vengeance. Les laisser impunis, après avoir entendu la voix unanime du peuple, ç'aurait été par trop criant; mais alors comment remplacer deux hommes qui étaient du goût de M. le banquier Seillière? Deux hommes qui épient ses désirs, qui cherchent à deviner ses pensées pour y ployer leur conduite! deux hommes qui, étant chacun débiteurs de fortes sommes au banquier, ne pouvaient manquer d'être pour toujours à ses ordres? Qui ne sait que, lorsqu'on possède un château, un mobilier royal, de grandes sommes d'argent, il est sage d'avoir dans sa manche les maires du lieu? En fermant l'oreille aux plaintes du peuple, on évitait donc toutes les extrémités. Le peuple fut très mécontent de ce refus, surtout lorsque l'on sut que les deux maires avec leurs satellites avaient été présentés à M. le préfet, qui les accueillit avec une bienveillance marquée. Cependant s'il ignorait les reproches qu'ils méritaient, c'est qu'il voulait bien s'aveugler sur leur compte; depuis près de quatre mois au moins, on lui avait écrit à cet égard les choses les plus fortes et les plus capables de faire une vive impression. Dans ce moment même M. Juin lui adressa une lettre qui aurait déterminé tout autre à examiner cette affaire pendant qu'il était sur les lieux, et qu'on lui offrait les documens les plus certains. Nous regrettons de n'avoir pu obtenir copie de cette lettre : nous l'aurions mise sous les yeux du lecteur; mais en voici une autre que M. Juin écrivait alors au procureur du roi, et dont il fit communication à M. Feutrier. Elle retrace succinctement les nouvelles intrigues auxquelles la cabale se livrait.

*Lettre à Monsieur le Procureur du Roi et communiquée à
Monsieur le Préfet.*

Monsieur,

L'entretien que j'ai eu hier avec vous me détermine à vous faire
les communications suivantes. Tout sera confidentiel ; vous n'en
ferez point d'autre usage que d'en parler à M. le sous-préfet, afin
de trouver plus sûrement les moyens de rétablir la paix.

1° Mes adversaires cherchent toujours à me susciter de nouvelles peines. Hier et aujourd'hui encore ils faisaient colporter
dans les maisons de Cires et de Tillet, hameau de la même commune, un long écrit de neuf pages, contre moi. Pour obtenir
des signatures, on protestait aux gens qu'il n'y avait rien contre
moi ; que le seul but que l'on se proposait était de se plaindre
de la manière dure dont leur députation avait été reçue à Beauvais, chez M. le préfet et à l'évêché. Sur ces assurances, ils ont
déjà arraché quelques signatures. On ne laissait lire à personne
cet écrit, on disait seulement de vive voix aux gens qu'il n'y
avait rien pour les compromettre ; qu'il ne s'agissait que du bien
public. Telle est la loyauté de mes adversaires ! Les colporteurs
de cette diatribe sont les médecins Legrand. Ils se sont faits mes
ennemis pour se rendre populaires, et aussi parce que j'ai cru
devoir appeler, dans la maladie de ma sœur, M. Mabile de
Mouy, médecin qui jouit d'une réputation méritée. Ce n'est pas
ma faute si MM. Legrand n'inspirent de confiance à personne.

Aujourd'hui, sur les quatre heures après midi, il y avait un
nombreux rassemblement chez M. Lebœuffle. Cette réunion avait
un but ostensible fort inoffensif ; mais son véritable motif était
d'arracher des signatures. Je ne puis dire combien on est parvenu
à en obtenir. Un des principaux instigateurs de toutes ces manœuvres clandestines, c'est un nommé Duquesnel, ancien prêtre
marié ; cet individu est le protégé de madame Seillière et de M.
Gibert, receveur général à Beauvais : c'est lui qui attise le feu
nuit et jour ; ses aides-de-camp sont : Pierre Trouart, marchand ;
MM. Lebœuffle, Ancel et quelques autres. Cette meute, aux
ordres du château, étourdit tout le monde par ses aboîmens
éternels : voila bientôt dix mois qu'elle me poursuit avec une rage
inouie ;

2° Il vient de m'arriver une lettre de mes supérieurs, dans laquelle je vois que la cabale dit que la haine des habitans de Cires
est si forte qu'il y a vingt-sept enfans, nés depuis mon arrivée,
qui ne sont pas baptisés. Remarquez, monsieur, 1° qu'ils emploient tour à tour promesses, menaces, pour empêcher les gens
d'apporter leurs enfans à l'église ; 2° que le nombre de ces enfans à baptiser est de sept et non de vingt-sept ; 3° que trois de

ces enfans sont nés depuis un mois et demi et que les parens at-
tendent chacun le moment que leurs intérêts permettent de
choisir pour cette petite fête de famille ; 4° les autres, nés depuis
un peu plus de temps, seraient déjà baptisés sans la crainte que
la cabale inspire aux parens. Ce fait vous fera encore juger de
la loyauté de mes antagonistes.

3° Il y a peu de jours que le sieur Legrand aîné, étant allé à
Beauvais au nom de la cabale, et n'ayant pas eu d'audience favorable, est revenu se disant porteur d'une lettre de l'autorité,
qu'il devait me faire remettre le dimanche, au pied de l'autel ;
que cette lettre m'ordonnait d'abandonner la paroisse sur-le-
champ. Ce faux bruit, qui a couru les deux paroisses, a excité
une agitation qui a duré deux jours (1).

Voyez, monsieur, s'il est possible d'être plus persécuté que je
le suis ! Voyez s'il est possible que je dépose les armes et que je
me laisse ainsi juguler à chaque moment? Les honnêtes gens
éprouvent de tout cela une indignation que je ne puis plus con-
tenir. On veut signaler ces basses intrigues, et les livrer à la publicité, qui leur imprimera le cachet de l'infamie : tout est prêt,
j'ai suspendu le coup, je m'efforcerai de le suspendre encore ;
mais si la violence ne prend fin, il faudra, bon gré malgré,
opposer la seule résistance que les lois indiquent aux opprimés
qui n'ont aucun moyen de se défendre. Si quelque publication
nouvelle venait à être faite, malgré tout le désir que j'éprouve
de ne rien faire contre la cabale, il ne faudrait s'en prendre qu'à
son acharnement.

Voici les moyens que j'indique pour calmer ces agitations :
1° faire venir devant vous et successivement le sieur Duquesnel,
les deux Legrand, Trouard et Marchand , et leur dire des choses
très fortes; 2° écrire à MM. Ancel et Lebœuffle, et leur recom-
mander de mettre fin à toute intrigue, car si leurs attaques con-
tinuent, il faudra bien se mettre sur la défensive. Si au contraire
ces messieurs voulaient rester tranquilles , se renfermant chacun
dans le cercle de ses attributions, j'oublierais tout le mal qu'ils
m'ont fait, et ils trouveraient en moi un homme prêt à tous les
services qu'ils pourraient désirer.

La preuve que les menaces seules ont retenu, depuis plus de
deux mois trois ou quatre personnes, et les ont empêchées de
m'apporter leurs enfans à baptiser, c'est que si l'on publiait à
son de caisse que l'on punirait celui qui se permettra désormais de
menacer ceux qui ont envie de fréquenter les offices, et de présenter
leurs enfans au curé, je verrais avant huit jours arriver ces retar-
dataires, joyeux d'être délivrés des entraves qui les oppriment.
Il est de l'intérêt de mes antagonistes de mettre un terme à leurs

____

(1) On a vu plus haut le détail de cette intrigue et comment M. Ancel fit
insulter le curé jusqu'à l'autel.

sourdes menées, sans cela elles seront mises à nu et présentées dans toute leur difformité aux yeux du public. Qu'ils y pensent, ou qu'on y pense pour eux, s'ils ne sont pas assez sages pour le faire : le désordre ne doit pas être éternel.

Encore une fois, tout ceci est confidentiel et ne vous est communiqué qu'afin que vous sachiez mieux le véritable état des choses. Je vous ai dit que je ne voulais point sévir contre mes persécuteurs, je leur pardonne.

Je suis avec un profond respect,

Monsieur le Procureur du roi,

Votre très humble serviteur,

Juin, curé de Mello.

M. Feutrier était si bien circonvenu, que ces communications ne produisirent sur lui aucun effet. M. Juin ne demandait qu'une stricte justice, il ne put l'obtenir. Outre ces considérations générales, il nous semble que M. le préfet avait des motifs personnels d'agir avec M. Juin d'une manière toute différente ; car M. Juin avait rendu des services importans à M. l'abbé Feutrier, évêque de Beauvais et frère du préfet. L'évêque était mort : son frère avait recueilli sa succession ; n'aurait-il pas dû aussi recueillir avec soin les dettes de reconnaissance qui se trouvaient dans l'héritage du prélat ? Que le lecteur nous permette ici une courte explication.

M. l'abbé Feutrier, évêque de l'Oise, était, en 1827 et au commencement de 1828, ministre des affaires ecclésiastiques. On se souvient que, pendant son ministère, furent publiées les fameuses ordonnances du 16 juin, sur les jésuites et les petits séminaires. Ces ordonnances, contre-signées Feutrier et Portalis, excitèrent de violentes rumeurs dans le clergé. Tous les prélats, d'un bout à l'autre de la France, firent *chorus* contre les ordonnances. On refusa partout de se soumettre à leurs dispositions. Cette affaire absorba pendant quatre mois toute l'attention publique. Les journaux s'en occupèrent exclusivement. Tout le royaume était partagé en deux partis, l'un pour, l'autre contre les ordonnances. Le parti libéral les défendait avec persévérance, le clergé et tout ce qu'il comptait d'amis dans la nation, les combattait avec acharnement, comme portant atteinte à la foi, à la perpétuité du sacerdoce et à l'enseignement ecclésiastique. M. l'archevêque de Paris, qui avait inspiré les ordonnances, s'éleva lui-même contre elles, lorsqu'il vit l'opposition unanime des prélats, ses collégues. Il eut même assez peu de ressouvenir de son rapport, pour se mettre à la tête de l'opposition. M. l'abbé Feutrier fut exposé à des attaques personnelles de la dernière violence. Des mandemens et des protestations furent dressés dans tous les diocèses contre le ministre. Au milieu de cet orage, où chacun ne savait à quel saint se vouer, M. l'abbé Juin, connu déjà par des publications littéraires favorablement accueillies par les connaisseurs, M. l'abbé Juin, dis-je, saisit la plume, et prouva, dans une brochure de cent cinquante pages, que les ordonnances n'attaquaient ni la foi, ni l'enseignement ecclésiastique, ni la perpétuité du sacerdoce. Cet écrit, composé avec modération, produisit sur les combattans une vive impression; M. Juin s'attacha à faire voir aux récalcitrans que toutes leurs déclamations n'étaient propres qu'à compromettre les prêtres et la religion. Il les exhorta à cesser une résistance qui n'était pas approuvée par l'Evangile. Enfin la tempête se calma peu à peu, et les soumissions arrivèrent de tous les diocèses. Un seul persévéra avec opiniâtreté dans son refus d'obtempérer. Bientôt les choses changèrent de face dans l'ordre politique. Le ministère fit place à un autre; M. Feutrier, évêque de Beauvais, mourut, et M. Juin n'eut pas d'autre récompense que la conscience d'avoir rendu un service important, et d'avoir encouru la disgrâce de deux prélats, alors tout puissans à la cour. Avant la retraite du ministère, M. de Martignac, qui était à l'intérieur, et qui avait beaucoup goûté l'ouvrage de M. Juin, avait, de concert avec M. l'évêque de Beauvais, demandé au ministre des affaires étrangères une place de secrétaire d'ambassade à Rome pour M. Juin. Cette carrière avait paru plaire beaucoup à ce jeune ecclésiastique, dans lequel on s'accordait à reconnaître beaucoup d'instruction et des talens distingués. Au moment où cette demande allait se réaliser, d'autres hommes furent appelés à la direction des affaires. L'espoir de M. Juin fut trompé. La mort de M. l'évêque de Beauvais arriva sur ces entrefaites. Les circonstances et une sorte de fatalité ont donc fait que le service important rendu par M. Juin n'a pas encore été récompensé. Depuis juillet 1830, les divers ministres qui se sont succédé ont comblé des faveurs du gouvernement des hommes qui n'avaient jamais rien fait pour les doctrines constitutionnelles, tandis que M. Juin, qui les a servies, et qui même a subi pour cette cause des disgrâces nombreuses, a été mis en oubli.

M. Feutrier, préfet de l'Oise, a fait de même. Il a oublié de payer à M. Juin la dette de reconnaissance de son frère. Cependant la chose lui était bien facile : M. Juin ne demandait ni honneurs, ni argent; il n'avait fait qu'une seule prière à M. le préfet, c'était d'examiner si les deux maires de Cires et de Mello n'étaient pas répréhensibles pour les avanies et les opprobres dont ils l'avaient abreuvé pendant le long espace de dix mois. M. le préfet fut sourd, même au milieu de toute une population qui voulait comparaitre devant lui, en présence des deux maires accusés. Combien, dans cette circonstance, il lui aurait été facile de trouver la vérité! Il était sur les lieux, les parties adverses étaient en présence : chacune pouvait, sans se déplacer, fournir tous ses moyens de preuves. La population se levait tout entière pour déposer sur des faits qui s'étaient passés sous ses yeux.

Deux hommes du peuple parvinrent avec beaucoup de peine jusqu'à lui; ils essayèrent d'appeler son attention sur cette affaire, ils ne purent en venir à bout; il esquiva leur demande à l'aide d'une gasconnade; il leur répondit qu'il n'était pas venu pour juger ce différent: que M. Petitjean en était chargé, et qu'il fallait attendre sa décision. M. le préfet avait oublié ses promesses : lors de la députation de Mello, il s'engagea devant les seize députés, à venir sur les lieux mêmes examiner et juger l'affaire; il leur promit de faire comparaître les deux maires devant lui en présence du peuple, et d'écouter les deux partis. Pourquoi donc n'a-t-il pas voulu faire ce qu'il avait promis? pensait-il que les seize députés ne songeaient plus à sa promesse, ou que l'on peut se jouer impunément des habitans de la campagne? ce serait une erreur: toute parole donnée doit s'accomplir, et les gens de la campagne, dont le principal caractère est la franchise, doivent moins que personne être l'objet d'un manque de parole? est-ce là l'exemple qu'ils devaient recevoir du premier fonctionnaire du département? que dira-t-il donc pour se justifier? que M. Petitjean était chargé de l'affaire? mais lorsqu'il prit engagement avec les députés, il y avait déjà un mois que M. Petitjean avait reçu la commission! il était déjà venu à Mello; les informations étaient commencées. — Qu'il l'avait oublié? mais les députés lui en parlèrent; ils lui firent part de la visite de M. Petitjean, et de la manière dont elle avait été faite. — Qu'il n'avait pas le temps? mais on ne lui

demandait pas deux heures ; et aprés sa course au pont de
Précy, qui eut lieu à six heures du matin, il eut plus de dix
heures de son temps à donner à madame Seillière ! Sans
doute pendant un si long laps de temps, dont quelques mi-
nutes auraient suffi à contenter toute une population, les in-
terlocuteurs s'occupèrent à déplorer le sort de la pairie.Car sa
prochaine réformation est pour la dame Seillière l'objet d'un
inconsolable gémissement. Depuis que la fortune avait souri
aux entreprises de M. Seillière et avait fait d'un ancien petit
marchand de miel, un gros banquier, sa chère épouse employa, sous la restauration, mille moyens pour lui obtenir un
titre de duc et pair ; ayant vu échouer tous ses projets d'a-
noblissement, elle s'était rabattue à marier ses filles à des
hommes titrés, fils de pairs de France, et ayant pour toute
fortune l'espoir d'hériter un jour de la pairie de leurs pères.
Elle avait réussi à placer de cette manière deux de ses de-
moiselles ; elle était sur le point d'en marier une autre à l'un
des fils de M. de Bourmont, ministre de la guerre, lorsque
cette révolution de juillet, qu'elle maudit de toute la haine
de son illustration manquée, est venue détruire les plus beaux
projets de grandeur. A tant de sujets de larmes est venu
s'adjoindre le projet *démagogique* de réformer la pairie et
de la rendre élective ; quel affreux désappointement ! que
d'espérances détruites ! ô désespoir ! infernale révolution,
puisses-tu périr avec tous tes partisans ! Que la Pologne suc-
combe bien vite ! qu'Henri V, notre bienheureux souverain,
vienne ! qu'il accoure rasseoir la pairie sur ses antiques bases
féodales ! c'en est fait, la famille, *parvenue,* a la mort au cœur
pour peu que la chose tarde à se réaliser. Les Seillière ne
trouvent rien de si beau que de voir certaines familles privi-
légiées en droit de mettre au monde des enfans destinés dès
avant leur naissance à être législateurs : qu'importe qu'ils
aient ou non les qualités nécessaires à une mission si sublime !
rien ne leur paraît plus odieux ni plus vil que ces doctrines
nouvelles, qui ont pour objet de laisser au peuple le droit
de choisir pour ses législateurs, des hommes dont la capacité
lui soit connue. Sans doute que M. Feutrier, ancien roya-
liste à l'eau de rose, et aujourd'hui l'homme du *juste milieu,* dût prendre une grande part à la désolation d'une
famille amie. Faut-il s'étonner ensuite s'il n'a pas eu un instant à donner à un pauvre curé opprimé, et qui avait le tort
d'avoir professé et défendu les doctrines constitutionnelles
depuis 1827 ? Nous ne nous livrons point à des suppositions

chimériques dans ce que nous venons de dire sur les conversations de la dame Seillière; nous savons que tout l'hiver dernier ce sujet a été la matière de ses entretiens, et qu'elle fait part de ses peines à tous ceux qui partagent ses opinions, dans le but louable sans doute d'en tirer des consolations.

M. Feutrier partît sur le soir, et envoya un *va-nu-pied* dire à M. Juin qu'il n'était pas venu pour son affaire. Le peuple vit ce départ avec chagrin; tout espoir d'obtenir justice paraissait perdu. Que dira M. le préfet? — qu'il n'a pas jugé cette affaire parce qu'il redoutait le peuple? Cela ne peut être, le peuple était calme et demandait respectueusement justice; s'il avait eu à se livrer au trouble ç'aurait été lorsqu'il apprit que M. le préfet manquait à sa promesse. Nous ajouterons encore que M. le préfet aurait toujours pu écouter les deux parties, prendre note de tous leurs griefs et de leurs raisons, et remettre à son arrivée à Beauvais le prononcé du jugement: le peuple n'en voulait pas davantage: il ne put l'obtenir; tandis que la cabale, se promenant dans les rues aussitôt le départ de M. Feutrier, se pavanait des faveurs qu'elle prétendait en avoir reçues.

Cependant pour adoucir le chagrin du peuple, quelques hommes du château répandirent dans le pays le bruit que M. le préfet avait, pendant le dîner, parlé de M. Juin avec les plus grands éloges; que le nommé Pierre Trouart, concierge et compère de M. et de madame Seillière, ayant osé, pendant le repas, parler de M. le curé en termes peu respectueux, M. Feutrier lui avait fermé la bouche en disant que M. Juin était un homme rempli de talens et de qualités aimables; et qu'il n'y avait point dans le diocèse de prêtre si instruit que lui. La dame Seillière elle-même s'évertua à en parler en termes gracieux devant les personnes qu'elle savait amies du curé, et devoir promptement répandre ses discours dans le pays. Nous allons faire voir que tout cela n'était que de l'eau bénite de cour, dans l'intention d'adoucir le peuple et de l'endormir.

En effet, madame Seillière avait fait apporter à son château de Mello, l'enfant nouveau né de sa fille, mariée à M. Bordesoult : elle avait promis à M. Juin que ce serait lui qui le baptiserait. Cet ecclésiastique y avait des droits : madame Seillière l'avait prié d'aller lui conférer l'eau à Paris, en attendant le moment propice où il pourrait lui suppléer, à la campagne, les cérémonies du baptême. M. Juin s'était prêté à tout avec une complaisance infinie; il n'avait pas eu un remercîment : *madame* lui avait seulement fait la promesse citée plus haut, que M. Juin n'avait pas provoquée. Lorsque le moment a été venu, elle s'est empressée de faire transporter son petit-fils du château de Mello à une autre campagne. Ainsi, par une petite perfidie peu digne d'une dame qui affecte le grand ton, M. Juin fut privé du casuel volontaire qui accompagne ces sortes de cérémonies ; il n'en eut aucun chagrin, nous pouvons l'affirmer, nous l'avons entendu, de nos oreilles, exprimer avec gaîté son indifférence à cet égard. Si nous en parlons, ce n'est que parce que le tour nous a paru vilain. Elle n'a pas borné là sa vengeance : sans vouloir ici parler de ses dénonciations secrètes à Beauvais, qu'elle a niées, mais dont nous avons eu la certitude ; nous savons qu'elle a fait, indirectement, des démarches auprès d'un curé voisin pour avoir un prêtre qui vînt lui dire la messe dans son château, au détriment de M. le curé de Mello, sous la juridiction spirituelle duquel se trouvait la chapelle féodale. Nous savons encore que M. Juin ayant manifesté la résolution d'abandonner Cires et Mello, le 10 octobre 1830, jour où il avait été insulté par la *cabale Lebœuffle*, madame Seillière lui fit les plus vives instances pour le déterminer à rester, et qu'elle y joignit des offres charmantes : elle promit de lui payer chaque année une somme de 400 fr sans condition ; M. Juin, qui n'avait pas provoqué cette offre, l'accepta avec reconnaissance. Madame Seillière la réduisit bientôt de moitié : la lettre qu'elle écrivit à cet égard nous a été montrée. Elle y disait que maintenant elle ne voulait plus avoir la messe dans son château. Mais elle promettait toutefois la somme de 200 fr. M. Juin ne se plaignît point d'une versatilité qui aurait pu ouvrir la bouche à beaucoup d'autres. Lorsqu'il s'est agi de payer, elle a répondu qu'elle ne devait rien. M. le curé ayant rappelé ce qui en était la preuve, on lui a fait remettre l'équivalant de 100 fr., pour les six premiers mois écoulés, en lui apprenant qu'il ne devait plus compter sur rien à l'avenir. Si encore on s'en était tenu là : mais non ; des affidés ont répandu que M. Juin avait exigé le paiement d'une somme qui ne lui était pas due. Leur but était d'irriter le peuple contre lui : on n'y a pas réussi.

Madame Seillière pense avoir fait beaucoup en donnant une maison pour loger le curé. Mais ce n'est pas M. Juin qui doit lui avoir reconnaissance de ce qu'elle a fait dans cette circonstance : c'est la commune. Chaque paroisse est, d'après la loi sur le culte, dans l'obligation de fournir un logement au pasteur. C'est donc à la paroisse que madame Seillière a rendu service. Nous savons de bonne part que long-temps avant son arrivée, M. Seillière avait déclaré tout haut vouloir loger le curé qui viendrait. M. Juin a éprouvé tant de déboires dans cette maison, par les poursuites occultes de la propriétaire, qu'il doit sans doute regretter d'y être entré. Il faut encore faire voir que les éloges que M. le préfet donnait à M. Juin n'étaient pas plus sincères que ceux de madame Seillière.

D'abord, si M. Feutrier avait été animé de bons sentimens pour M. Juin, il lui aurait au moins rendu justice en punissant, par la destitution, MM. Ancel et Lebœuffle : celui-ci avait été, 1° l'instigateur ou au moins le complice de deux séditions, dont plus de quatre cents témoins attestent la vérité ; 2° de mille intrigues sourdes, ayant eu pour résultat de tenir pendant dix mois, les habitans du lieu dans une inquiétude voisine de l'agitation ; 3° un grand nombre de personnes se plaignent que les lois, ordonnances, bulletins et affiches du nouveau gouvernement n'aient pas été affichés depuis juillet 1830, comme cela se pratiquait sous la restauration ; 4° il est connu que ce maire administre mal : les chemins sont dans le plus affreux état : on ne sait où passent les deniers communaux : on a vendu pour douze mille francs de biens appartenans à la commune, et on n'en a vu aucun résultat ; 5° il est certain que le sieur Lebœuffle est un homme ruiné, qu'il doit plus qu'il n'a vaillant, deux fois, que sa probité est entâchée d'actes qu'il est impossible de justifier.

Le sieur Ancel a, 1° pris part à toutes les trames ourdies par M. Lebœuffle, et qui ont troublé la paix publique ; 2° il s'est rendu coupable de partialité dans l'affaire des légalisations de signature ; 3° il s'est rendu coupable envers le curé d'outrages et de violences horribles, d'emportemens scandaleux ; 4° le jour de la Fête-Dieu, il a troublé l'exercice du culte, a causé volontairement et sciemment un affreux scandale dans l'église ; il est coupable des plus viles et des plus infames calomnies, attestées par les habitans de Mello et ceux de Verberie ; il est de notoriété publique qu'il a commis de nombreuses exactions qui ont été si criantes, qu'il a été poursuivi et obligé à restitution. Voilà les hommes que M. le préfet a protégé et dont il a refusé de faire justice jusqu'à ce moment.

M. Feutrier a donné en bien d'autres circonstances, des

marques de sa mauvaise volontés. Le conseil municipal de Mello, dans une de ses séances de l'année 1830, avait porté au budget pour 1831 la somme de deux cents francs à titre d'indemnité pour le desservant. M. le préfet, d'après un arrêté pris par lui, lequel porte que toute indemnité accordée par les communes aux desservans sera ajournée jusqu'à ce que le budget de la fabrique ait prouvé que l'église est hors d'état de fournir cette somme, M. le préfet, dis-je, ajourna l'allocation des deux cents francs. Le budget de l'église, signé par le conseil de la fabrique, établissant jusqu'à l'évidence l'insuffisance des revenus de la fabrique, fut envoyé à M. le préfet, il devait donc alors rétablir l'indemnité, il n'en a rien fait. Le bruit courut, il y a cinq mois, que le conseil municipal de Mello avait retiré l'allocation : or le conseil ne connaissait rien de la délibération qui fut tenue à cet égard. Il paraît que la chose fut faite à la main entre deux ou trois individus faisant partie de la cabale. Les membres du conseil réclamèrent et se plaignirent très haut de ce qu'on les avait fait parler et agir lorsqu'ils n'avaient rien dit ni rien fait. Ces plaintes obligèrent M. le préfet à provoquer une nouvelle délibération sur cet article. Le sieur Ancel présenta donc de nouveau le budget de 1831 ; les membres du conseil furent très irrités de voir que l'indemnité accordée pour le curé n'avait pas encore été rétablie par le préfet, quoique les pièces demandées par lui eussent été fournies : ce qui mit le comble à l'irritation, c'est que ledit Ancel, leur déclara qu'il n'y avait plus à y revenir. Alors six membres du conseil sur dix se retirèrent et protestèrent contre cette injustice, en disant que si elle n'était pas réparée, ils rejetteraient toute espèce de budget quelconque. Je ne dois pas oublier de dire qu'il y eut des mots très significatifs d'échangés dans le conseil ; on reprocha au maire ses trames haineuses et ses basses intrigues.

Cette retraite mit les factieux dans un grand embarras. Le bonhomme Ediard, adjoint depuis plusieurs années, avait toujours rempli les fonctions de maire sous M. Seillière, qui depuis la révolution de juillet avait donné sa démission : il les avait cessées depuis que ce banquier avait fait nommer le sieur Ancel, son notaire, maire à sa place. Bonhomme Ediard n'avait pas encore rendu ses comptes. On avait été jusque là dans l'habitude d'approuver et de signer tout sans lire : mais à cette fois on demanda d'examiner ses quittances, ce qui contraria extrêmement le bonhomme et son ami Ancel ; cette proposition leur parut inouie , tandis qu'elle aurait dû leur paraître toute naturelle : car on ne devrait jamais approuver le compte d'un maire sur l'emploi des deniers communaux, que préalablement une commission, prise dans les membres du conseil, n'eût soumis les opérations du maire aux plus strictes investigations. Le bonhomme Ediard et son patron, M. Ancel, n'ont pas encore cru devoir se soumettre à une telle épreuve, bien leur en a pris : car quelques membres du conseil, en jetant simplement un coup d'œil rapide, au milieu de la séance, sur les comptes dont on demandait l'approbation sans examen, découvrirent une erreur de quatre-vingt fr. au profit du bonhomme qui fut obligé d'en convenir. Cette découverte fit ouvrir les yeux ; des bruits se répandirent : tout en faisant les affaires de la commune, le bonhomme avait assez bien fait les siennes, disait-on : il y avait eu beaucoup de travaux faits sans autorisation ni adjudication. La chose avait été arrangée sous le tapis : on ajoutait encore, que le bonhomme, au moment de payer, faisait acquitter par les travailleurs des mémoires d'une moitié ou d'un tiers plus haut que la somme qu'il payait, on nommait cela *le tour du bâton*. J'ignore si toutes ces particularités sont bien certaines, mais je crois qu'il serait temps de porter un œil attentif sur les recettes et les dépenses municipales. Il y a des gens qui croient que les communes seront toujours lésées, jusqu'à ce qu'un autre système législatif permette au peuple de choisir ses administrateurs, et lui laisse le droit de contrôler et de censurer leur conduite. Le peuple a un sens exquis; il n'est pas facile de lui en imposer.

Quant au bonhomme Ediard, ses dépenses restèrent sans approbation; mais comme le sieur Ancel avait eu soin d'appeler au conseil municipal tous ses recors, sous le titre de *plus hauts imposés;* et de laisser de côté les hommes les plus aisés de la paroisse, uniquement parce qu'ils condamnaient tout haut ses violences et ses injustices envers le curé, on essaya après le départ des six membres du conseil de replâtrer la chose du mieux que l'on put. On ne s'en tint pas là ; de peur que l'illégalité de ce qui s'était fait ne fût connue, MM. Ancel, les frères Legrand, Lebœuffle, le bossu Biét, Monmineau, allèrent eux-mêmes à Senlis, présenter au sous-préfet leur budget de 1831 et de 1832 ; ils n'en dirent pas de mal, comme on peut le croire ; ils chargèrent même, dit-on, un petit avoué verbeux, nommé Bousset, de prendre au besoin la défense de ces pièces. Mais M. le sous-préfet ayant été un peu plus tard instruit de ce qui s'était passé, regarda ce qui avait été fait comme non avenu, et ordonna une nouvelle délibération. Le mécontentement du peuple était si grand contre M. Ancel et ses complices, et le regret que causait le départ récent du curé était si vif, que d'une voix unanime on lui rendit son indemnité de 200 fr. pour 1831 ; il aura donc à toucher sur cette somme, le premier semestre et une partie du mois de juillet, jusqu'au dix-huit; nous allons voir la conduite que tiendra M. le préfet sur cette affaire qu'il aurait pu terminer plus vite ; il y aurait eu de la sagesse de sa part. Pourquoi en effet susciter tant de peines et de tracasseries à un ecclésiastique respectable, sur un si mince objet? n'est-ce pas que le complot était formé de le prendre par famine, en lui enlevant contre le gré des habitans une modique indemnité? car quel autre nom donner à toutes les menées clandestines employées pour disputer à notre curé, jusqu'à la dernière obole de ses appointemens? nous examinerons ce que va faire M. Ancel, après la décision du préfet: sa conduite antérieure nous garantit qu'il suscitera encore quelques difficultés. Qui ne sait ici la réponse brutale qu'il fit à M. Juin, lorsque celui-ci lui ayant écrit, il y a quatre mois, une lettre forte honnête pour lui demander 23 fr. qui lui restaient dus sur la somme de 100 que le conseil municipal s'était engagé, en corps et au nom des habitans, à payer à cet ecclésiastique pour son service pendant les trois derniers mois de 1830? « Va dire à ton curé, répondit » M. Ancel, au porteur de la lettre, qu'il est un drôle et un po-»lisson.» Cependant M. le maire avait lui-même reconnu antérieurement la légitimité de la dette : mais alors il ne s'était pas encore fait le champion de la cabale de Cires.

Ce notaire a la réputation de retenir, sur les plus faibles raisons, l'argent de ses cliens. Nous ne citerons qu'un fait entre mille. Madame ……. possède des rentes sur l'état; elle avait remis ses titres au sieur Duquesnel, prêtre marié et receveur. Lorsqu'il eut touché l'argent qui appartenait à cette dame, au lieu de le lui porter, il alla le déposer entre les mains du sieur Ancel, son ami, qui en avait grand besoin; car il n'est pas riche, il est souvent aux expédiens; sa pauvreté vient de ce qu'il s'est établi depuis peu; de ce qu'il n'a rien eu de sa famille qui était dans l'indigence, et de ce que ses procédés ont éloigné une partie de ses cliens. Duquesnel, par cette démarche, avait sans doute envie de rendre service à son com-

père Ancel : celui-ci reçut l'argent sans en demander permission : c'était le vrai moyen de ne pas éprouver de refus; mais
la probité et la délicatesse réprouvent une telle conduite.
Ancel, après s'être servi de la somme, alla dire à la dame
qu'il avait son argent en main et qu'il la priait de le lui laisser
encore; impatientée de n'avoir pas eu depuis long-temps de
nouvelles de cet argent, et mécontente à juste titre de ce que le
sieur Duquesnel en avait disposé sans sa permission, refusa
d'accéder à la prière qui lui était faite. Alors le sieur Ancel,
pressé par un besoin impérieux, se réduisit à demander la
mince somme de 100 fr. pour trois jours. Le terme expiré,
le débiteur ne reparut point ; on attendit six jours, puis
douze : enfin après dix-huit jours d'attente, ennuyée de ne
voir rien venir, et craignant de se trouver embrouillée dans
quelque chicane, madame .... alla par deux fois demander à Ancel ses papiers qu'il avait entre les mains, et son
argent. Sur 100 fr. il en retint, je ne sais à quel titre, 20 fr.;
et rendit le reste.

Le sieur Ancel a la réputation d'être *rapace* ; il est connu
pour le notaire des environs qui élève le plus ses honoraires,
plusieurs de ses actes sont susceptibles d'être réduits à la
taxe : nous allons en citer un exemple; il a demandé 105 fr.
pour un contrat de mariage fait à Maysel. Il pouvait lui être
dû 30 liv.; les dots respectives n'étant que de 4,000 livres
environ.

Il fait, dit-on, des actes à plaisir, et souvent, s'il éclairait
bien les gens de la campagne, il y en aurait moins qui auraient à regretter d'avoir contracté : car les intérêts et la
volonté des parties doivent être la seule base des contrats :
l'intérêt du notaire ne devrait être que secondaire : c'est le
contraire chez lui. Il est accessible et affable pour ceux qui
ont à vendre, ou qui peuvent acheter ; sont-ils dépouillés de
leurs biens, il ne peut plus les voir. Croient-ils avoir à réclamer contre l'énormité de ses honoraires, ils les brusque,
et s'ils insistent, il les menace de la porte. Plusieurs de ses
actes ont donné lieu à des procès, faute de précision dans la
rédaction, soit par des doubles sens, soit en donnant à un
acte une autre dénomination que celle qu'il doit avoir : je
veux dire dans ce dernier cas, que les conventions qui ne
présentent pas un juste équilibre d'intérêts entre les parties,
sont un contrat de bienfaisance de la part de celui qui donne
plus, *do ut des, facio ut facias :* sinon, c'est un acte de
pure libéralité. Tel se présente à l'idée l'acte reçu par M. An-

cel entre le Leup de Mello et la demoiselle Liedet; lequel acte a donné lieu à un procès fort dispendieux pour cause de vileté de prix : le notaire aurait évité ce procès s'il avait donné à l'acte la forme qui lui était propre. Ancel a, dit-on, fait des emprunts considérables, et n'est pas aisé. Que l'on juge d'après tout ce qui précède, si le peuple n'a pas raison d'ouvrir les yeux sur la conduite de ce maire; que l'on juge maintenant si M. le préfet est bien louable d'avoir écouté cet individu, et de l'avoir maintenu jusqu'à ce jour.

Parmi les nombreux faits que nous pourrions citer encore, nous demandons au lecteur la permission d'en choisir un qui fera connaître combien le sieur Ancel, si dur pour les pauvres, est bas et rampant devant le banquier Seillière dont il est le notaire. Ce banquier possède, comme on sait, le château de Mello, antique manoir des princes de Montmorency. Outre les propriétés qui accompagnent cette demeure féodale, se trouve une belle ferme à Bariseuse, hameau de Saint-Vaast, dans le voisinage de Mello ; le fermier est propriétaire d'une dixaine d'arpens de bonne terrre tout près de la ferme. Le sieur Seillière convoitait depuis long-temps ce petit domaine, qui aurait arrondi le sien ; il le convoitait, dis-je, avec autant d'ardeur qu'Achab le champ de Nabod. Nous ne voulons pas dire pour cela que si le financier eût eu la puissance d'Achab et de Jezabel, il en eût usé comme ces tyrans de Samarie. Mais voici les moyens qui furent employés pour obtenir la cession des dix arpens. Le fermier était près du terme de son bail. Ancel et Pierre Trouart, concierge de madame Seillière, promirent à ce fermier que s'il voulait céder à cette dame, pour un prix dont ils convinrent, ses dix arpens, ils lui passeraient un nouveau bail de la ferme pour plusieurs années. Le bon fermier, parfait honnête homme, d'une franchise qui ne lui permettait pas de soupçonner le tour qu'on voulait lui faire, donna dans le piège, et consentit à la proposition. Peu de jours après on l'appelle, on lui présente à signer l'acte de vente, il demande où est aussi le nouveau bail qu'on a promis de lui faire; Ancel et son compère, Trouart, lui disent qu'il n'est pas fait, mais qu'il peut être tranquille, qu'il le sera sous peu; qu'en attendant, il peut signer. L'honnête fermier ouvrant les yeux quoique un peu tard, répond qu'il signera les deux actes ensemble ; on le presse, on le sollicite : il est inflexible, et bien lui en a pris. Voilà plusieurs mois que cet histoire a eu lieu; depuis ce temps on n'a plus parlé du bail. N'est-il pas évident qu'on ne voulait plus le lui passer aux conditions qu'on lui présentait? que ces conditions perfides n'étaient que pour le faire signer l'acte de vente de sa propriété? Si l'on n'avait pas eu l'intention de l'attraper, pourquoi ne pas offrir à sa signature les deux actes ensemble? si l'on avait été sincère, est-il croyable que depuis ce temps, on ne lui eût pas fait le bail? Non, une fois l'acte de vente passé, l'affaire eût été faite; le fermier n'aurait plus eu ni propriété, ni ferme : du moins aujourd'hui il aura où se retirer en sortant de la ferme du banquier. On voit que la finesse ne nuit pas en affaire ; mais un notaire qui se fût respecté, se serait-il prêté à cette infame manœuvre? combien donc le pauvre Ancel est bas et rampant devant le banquier Seillière, lequel en reconnaissance d'une telle servilité, lui jette, de temps en temps, quelques pièces de monnaie par la tête. Tels sont les hommes dont madame Seillière et sa sœur, madame Gibert, de Beauvais, font la réputation auprès du préfet! tel est un des implacables persécuteurs de M. Juin! Est-ce à de tels hommes que M. le préfet devait sacrifier un homme tel que M. Juin.

Mais afin que la mauvaise volonté de M. Feutrier ne puisse être révoquée en doute, nous citerons un autre fait entièrement incontestable, et plus décisif: M. Juin était curé de Mello et de Cires ; cette dernière paroisse, quoique plus populeuse que Mello, lui est néanmoins annexée. Notre curé desservait les deux paroisses à la fois, comme cela s'était pratiqué depuis trente ans sous M. Redon : le gouvernement n'accorde rien pour Cires, de sorte que l'ecclésiastique qui dessert cette commune n'a que son casuel et l'indemnité que font les habitans ; ils avaient, selon leur usage, voté deux cents francs d'indemnité et cent vingt francs pour le logement, de manière que, sous différens noms, il touchait trois cent vingt francs. Il avait été nécessaire de les porter ainsi, parce que la loi ne permet pas plus de deux cents francs d'indemnité. En inscrivant le reste sous le titre de logement, il n'y avait rien à dire. A l'époque des budgets, en 1830, cette somme de trois cent vingt francs avait été allouée au desservant pour 1831, comme cela s'était fait antérieurement. M. Juin, sur la foi de cette indemnité, a desservi cette commune, fait l'office chaque dimanche et instruit les enfans ; lorsque le premier trimestre fut échu, il demanda son mandat, on lui répondit qu'on ne lui devait rien; il en écrivit à M. le préfet: même réponse. Cependant M. Feutrier avait lui-même, en présence des seize députés de Mello, engagé M. Juin à continuer d'aller dire la messe à Cires, et d'y instruire les enfans, comme la chose se pratiquait avant lui. Dira-t-on que M. Juin n'a pas chanté les vêpres pendant les deux derniers mois? mais il n'y était pas tenu. En effet, tous les autres curés qui binent ne disent qu'une messe tous les huit jours dans l'église du binage, ils ne doivent rien plus ; cependant ils touchent, outre les deux cents francs d'indemnité, un traitement de deux cent cinquante francs du gouvernement à titre de binage. Pourquoi M. Juin serait-il tenu à faire davantage? serait-ce parce qu'il aurait deux cent cinquante francs de moins? Si vous demandez pourquoi M. Juin ne touchait pas aussi les deux cent cinquante francs à titre de binage, je répondrais que cela vient de ce qu'il binait dans une église qui n'est qu'annexe : que pour toucher le traitement de binant, il faut que le binage s'exerce dans une église qui ait titre de succursale.

Vous ajouterez peut-être que les habitans sont maîtres de refuser l'indemnité : cela est vrai ; mais, puisqu'ils l'avaient portée au budget, et que le curé a fait le travail pour lequel ce salaire était accordé : nous répondrons qu'il est de toute justice qu'il y ait des droits. Si les habitans voulaient le retirer, ils devaient lui dire, par l'organe du maire : « Mon-» sieur, nous vous retirons l'indemnité pour laquelle vous » venez faire le service religieux : vous pouvez continuer » ou cesser, comme bon vous semblera, mais nous vous » prévenons que vous ne recevrez aucune récompense. » Mais non, ils gardent le silence ; ce n'est qu'après que le pasteur a rempli un ministère pénible, au milieu d'innombrables afflictions, que pour le consoler on lui annonce qu'il ne touchera pas la somme promise! que l'on voie si cette conduite est dans la ligne de la justice?

Si l'on m'objecte que c'est aux habitans à réclamer en faveur de M. Juin contre l'injustice qui lui est faite ; je dirai que tout homme a mission pour réclamer contre un acte inique, et celui qui est lésé et ceux qui en sont témoins ; que le silence des habitans sur cet article ne peut nuire aux droits du curé ; que d'ailleurs la cabale qui a persécuté M. Juin, dès le jour de son arrivée, habite précisément la commune de Cires ; que cette cabale, composée d'hommes méchans, audacieux, violens, domine la population et fait planer sur elle une terreur si inévitable, que grand nombre de gens disent tout haut comme elle, quoique tout bas ils pensent le le contraire. Si l'on demande pourquoi cette pusillanimité, je dirai: que ceux qui peuvent faire du mal, sont nuit et jour au milieu de leurs concitoyens; qu'ils ont mille occasions de leur nuire sans être apperçus : et qu'alors même qu'il n'y aurait que la persécution des paroles, elle serait intolérable; que les injures, les calomnies, les attaques, les coups de langues sont de tous les momens; on se rencontre dans les rues, dans les maisons, dans les champs, on ne peut s'éviter. Les gens paisibles, ennemis des querelles, quoique infiniment plus nombreux, cèdent sur tous les points, pour éviter des raisons fâcheuses, des rixes et des batteries. On poursuit partout ceux qui osent tenir un langage contraire à la cabale : ils ne peuvent paraître aux fêtes ni dans aucune réunion; les hommes versatiles, pour se faire bien venir de la cabale, se font honneur d'injurier et de poursuivre des gens dont ils approuvent tous bas les sentimens. Voilà ce que c'est que ces brouilleries de village : elles sont envenimées, implacables, tyranniques, violentes, persécutrices. M. Juin se trouve donc privé de ce qui lui est dû, uniquement par les fureurs d'une dixaine d'individus ayant à leur tête la famille Lebœuffle, laquelle a mis tout en train.

Mais si une poignée d'hommes, aveuglés par leurs passions, ont pu commettre cette injustice, pourquoi M. le préfet ne la répare-t-il pas? Il le peut : de même qu'il a droit d'oter une allocation accordée par le conseil municipal, de même il a le droit de la rétablir, lorsque ce conseil, influencé par des passions, refuse une indemnité qui est raisonnable. Puisque M. le préfet refuse justice, nous en appelons aux ministres! mais examinons d'abord pourquoi M. Feutrier refuse d'accorder à M. Juin ce qu'il accorde à plusieurs autres ecclésiastiques, sans doute fort estimables, mais qui n'ont pas, comme notre respectable curé, combattu pour les doctrines constitutionnelles? Serait-ce parce que M. Juin a rendu des services à la cause qui a triomphé en 1830, qu'on lui refuse la seule indemnité qu'il eût à Cires pour toutes les peines qu'il y a supportées, et pour l'exercice des fonctions ecclésiastiques, partout mieux rétribuées? en effet, pour en citer un exemple, M. le curé de Montataire, dans le voisinage, dessert plusieurs communes où il va alternativement dire la messe tous les quinze jours : eh bien! chacune lui fait une indemnité de 200 fr., quoique trois de ces communes n'aient pas ensemble une population égale à celle de Cires. Il en est de même des autres curés en général, personne n'y trouve à redire, parce que la chose est raisonnable. Pourquoi M. Juin serait-il traité moins favorablement? C'est donc par une mauvaise volonté que M. le préfet n'a pas rétabli cette allocation, dont le premier sémestre et le mois de juillet compris, sont dûs à M. Juin, à tant de titres incontestables. Faut-il conclure de tout ceci que M. Feutrier soit un homme inique, vindicatif, persécuteur? Non, c'est seulement un homme faible : la chose est reconnue dans le département : c'est le langage habituel de tous ses administrés. Il est très peu capable : ses précédentes administrations l'ont prouvé : il laisse faire le mal parce qu'il n'a pas la force de l'empêcher. Il laisse en beaucoup d'endroits de fort mauvais maires, parce qu'il n'ose les destituer; encore une fois, nous croyons que c'est un honnête homme, mais un mauvais administrateur : le premier qui s'empare de lui le mène comme il veut. L'indécision est son caractère habituel : son système est d'attendre.

Tandis qu'à Beauvais, on entrait dans les vues de la cabale, en refusant à M. Juin ce qui lui était dû, cette même cabale lui disputait, dans sa paroisse, jusqu'aux moindres parcelles de son casuel. Par ses menées souterraines, elle réussissait quelquefois à empêcher les personnes qui se mariaient, de venir faire bénir leur union à l'église; les familles d'apporter leurs enfans à baptiser. Ceux dont le curé avait enterré un parent défunt, étaient conseillés de ne pas payer les honoraires, et souvent ils n'étaient que trop dociles. M. Juin qui ne fit jamais de peine à personne pour obtenir son dû, perdait sans mot dire. Le complot était formé de lui enlever pièces à pièces jusqu'à ses derniers moyens de subsistance. Malgré la gêne où l'on se plaisait à le réduire, il donnait régulièrement à tous les pauvres qui se présentaient. C'est toujours aux curés que recourent d'abord les malheureux de quelque espèce que ce soit, voyageurs, pauvres honteux, indigens de l'endroit, étrangers : on croit toujours les curés riches. Il faut que chacun aille leur conter sa misère. Vers le temps dont je parle, la bienfaisance de M. Juin fut mise à une rude épreuve. Voici le fait tel qu'il m'a été raconté par des témoins dignes de foi.

Un jour que M. Juin était en affaire, arrive un jeune homme maigre, abattu et couvert d'habits déchirés : la figure de l'étranger exprimait la tristesse et l'irritation. Sa voix était rauque et entrecoupée : il entre et s'approche de M. Juin en le traitant familièrement : « Adieu, mon ami,

» dit le nouveau venu, je viens te voir, j'ai besoin de te
» parler à part. » M. Juin le regarde et reconnaît un ancien
camarade de collège. Il l'embrasse et passe avec lui dans son
cabinet. Où es-tu, que fais-tu, lui dit le curé? — Je ne fais
rien : je suis sur le pavé de Paris. — Tu es dans le besoin?—
Oui…. des larmes s'échappent de ses yeux. — Ne crains pas,
dis-moi, je te prie, ton état. — Eh bien! j'étais précepteur
dans une riche maison, je n'avais qu'un enfant à instruire.
J'ai perdu ma place, ce n'est pas ma faute, le père de l'enfant est un tigre : il vit avec la femme de chambre de son
épouse qui est mourante : il maltraite son fils de la manière
la plus inhumaine : je n'ai pu le souffrir, je me suis retiré :
voilà six mois que je cherche une autre place : on m'en promet
et cela n'arrive jamais. Je n'ai pas le sou. — Tu n'aurais pas
dû laisser ta place si vite; tu ne me dis pas tout : il y aura eu
en tout cela un peu de ta faute. Tu te seras mêlé de choses
qui ne te regardaient pas. — J'ai fait ce que je devais, tout
autre en eût fait autant. — Tu avais de bons appointemens : tu n'as donc rien ménagé? — L'entretien d'un jeune
homme coûte beaucoup à Paris. Je croyais pouvoir trouver
une place au bout de quinze jours. — C'est-à-dire que tu
n'as pas économisé : tu as eu grand tort. — Laisse-moi donc,
je te prie, avec tes remontrances, tu ressembles à ce pédago-
gue qui, voyant un enfant se noyer, s'amusa à lui faire un
beau discours sur son étourderie, au lieu de le tirer de l'eau.
— Ne te fâche pas, mon ami, ce n'est pas pour t'humilier
que je te parle ainsi, c'est afin que plus tard, tu évites de te
trouver dans l'embarras.

M. Juin lui dit beaucoup de choses consolantes sans pouvoir le distraire; on dîna, il fut silencieux, il était en proie
à une idée fixe qui paraissait l'absorber. M. Juin lui fit entre-
voir qu'il n'y avait pas de quoi se désespérer, qu'il lui ren-
drait service. — Je veux me détruire, dit l'infortuné jeune
homme, il y a huit jours que cette idée me poursuit; j'ai
failli vingt fois déjà me précipiter dans la Seine, j'ai repoussé
cette horrible idée; mais elle me revient sans cesse, je me
soulage en te faisant cet aveu : ne crois pas cependant que
j'en vienne jamais à l'exécution…..

M. Juin lui donna de fort bons conseils : il lui dit qu'il n'y
avait que les âmes faibles qui se laissassent abattre à l'adver-
sité, que le malheur est d'ordinaire le chemin des talens; il
lui répéta les sublimes leçons que l'Evangile donne à cet

égard aux âmes affligées, et il lui fit gouter les consolations dn christianisme.

Le jeune homme perdit peu à peu le sombre chagrin qui le dévorait. Son âme parut soulagée comme un homme qui, après avoir long-temps lutté inutilement contre le cours d'une rivière profonde où il était tombé, trouve une main amie qui l'en retire.

M. Juin venait de recevoir du gouvernement un mandat de deux cents francs, il se hata d'en partager la somme avec son ancien camarade. Celui-ci, consolé par ce secours, prit patience, et parvint à se placer d'une manière convenable au bout de quelques jours.

Quoique notre curé eut gardé le silence le plus absolu sur ce fait, il est néanmoins venu à ma connaissance; on sait qu'il a un penchant décidé pour tous ceux qui sont dans l'affliction. Un nommé Pierre Lot, habitué à se mettre en ribotte aux grandes fêtes de l'année, l'avait, dans son vin, insulté griévement; aux injures contre le curé, il avait mêlé des propos séditieux contre le gouvernement. M. Juin se plaignit de ces récidives; son but était de faire plus de peur que de mal, il pouvait aussi craindre qu'on ne l'accusât lui-même de n'avoir pas révélé des choses qui avaient trait à d'augustes personnes. Le maire condamna Pierre Lot à quinze francs d'amende, à laquelle il se soumit dans la crainte de voir le procès verbal envoyé au procureur du roi; il était convenu avec M. le maire que cet argent serait pour la fabrique. Pierre Lot paya cinq francs, que le sieur Ancel employa à un usage qui n'était pas le sien. Géné pour les dix francs qui restaient, Pierre Lot va trouver M. Juin, lui fait part de sa peine, le prie d'oublier ses torts et de l'exempter des dix francs; le curé lui tend la main, lui dit que tout est oublié, et lui donne de bons conseils, avec un mot d'écrit qui le délivrait de sa dette,

Un homme de la paroisse de Cires, égaré par de mauvais conseils, avait outragé M. Juin par deux fois dans l'église même de sa paroisse. Bientôt il se trouva dans une circonstance où M. Juin pouvait lui rendre un grand service; sa fille, âgée de vingt ans, avait des liaisons avec un jeune homme qui la fréquentait pour le mariage. Les choses en allèrent fort loin. La demoiselle, vaincue par l'amour qu'elle avait pour son amant, se livra, sans doute que ce fut après de longues résistances. Mais bientôt l'amant volage l'abandonne après la sortie de M. Juin de Mello, Duquesnel porte à Trouart le sous seing privé, signé par lui. Trouart répond qu'il l'examinera et le signera, s'il y a lieu ; l'autre insiste, Trouart tient bon, et bien lui en a pris ; l'acte était dressé de manièreque ledit Trouart, au lieu d'un échange de quatre verges, en cédait dix pour en avoir moins de quatre. Rien ne me semble plus indélicat ! voici un homme qui consent à un échange qui ne lui est d'aucun profit, uniquement pour obliger, et la partie contractante, au lieu de remercîmens, cherche encore à lui ravir frauduleusement six verges de pré ! il y a ici, vol, ingratitude, lâcheté, abus de confiance, et quelque chose de plus horrible encore ! tel était un des grands persécuteurs de M. Juin ! Parmi cette bande de cabaleurs qui courait les rues, on remarquait aussi Lebœuffle, maire de Cires, qui, huit jours après, devait être exproprié de tous ses biens, et réduit à provoquer la commisération publique. Toute la basse classe de la cabale est convoquée à l'église de Cires : on l'enivre d'eau-de-vie : puis on carillonne en signe de réjouissance, aussitôt que l'on apprend que M. Juin est à plus d'une lieue. Des cabaleurs ivres, les uns se battent dans l'église, les autres boivent à mourir : ceux qui peuvent marcher montent en chaire et y débitent des horreurs contre la morale et la religion : on chante des chansons de carrefour; tout cela se passe sous l'influence et la haute direction des Ancel et des Lebœuffle. C'est au milieu de cette orgie qu'ils destituent illégalement et arbitrairement les sonneurs et marguilliers, pour le crime d'avoir été attachés à M. Juin. Au milieu de ce club de sans-culottes, figuraient le père Ridoux, instituteur primaire de Cires, et ses deux enfans; ce même Ridoux, dont la fille, enceinte des œuvres du même Lebœuffle, maire de Cires, vient d'accoucher, et continue à vivre dans la prostitution, dans la maison de son père, et avec son assentiment ! et on laisse cet individu exercer encore les fonctions de maître d'école ! les deux magistrats ne s'en tiennent pas là : on envoie la caisse municipale dans les rues appeler les habitans à un bal gratis qui se donna le soir chez un nommé Picard, cabaleur incurable. On n'y vit que des ouvriers en sabots, qu'on arrêtait dans la rue. Au milieu de cette réunion informe, se pavanaient les Lebœuffle, les Ancel et sa femme, amaigrie par les dissentions domestiques : la vieille madame Legrand, mère des deux esculapes du même nom, connue à Saint-Juste en Chaussée, pour avoir vécu publiquement d'une manière fort équivoque, dissipé le bien de son mari, et réduit sa maison à un tel état de misère, que ses nombreux créanciers n'ont pu obtenir le remboursement des sommes qu'il lui avaient prêtées. A côté de cette douairière en faillite, paraissait sa fille déjà vieillie sans avoir pu trouver de mari ; et sa belle-fille, née Bréban, et dont le père s'est rendu célèbre dans la première révolution, par le goût qu'il prenait *à boire le sang des prêtres.*

Quelques jours avant ces saturnales, Ancel s'était livré à une vengeance atroce contre M. Juin. Pour rendre la chose intelligible il faut la reprendre d'un peu plus haut. A l'instant même qu'Ancel apprit que M. Juin avait été nommé curé à Verberie, il conçut le projet de faire chasser cet ecclésiastique de sa nouvelle paroisse, au moment où il viendrait prendre possession ; il trouvait d'autant plus de facilité dans l'accomplissement de cette vengeance qu'il avait dans Verberie plusieurs des parens de sa femme. Le sieur Ancel a épousé une demoiselle Farcot, de Pont-Sainte-Maxence, fille d'un épicier, lequel a une partie de sa famille à Verberie. La belle-mère de ce notaire, quoique âgée, existe encore, et passe pour la plus mauvaise, la plus médisante, la plus hargneuse et la plus fourbe des femmes. Sa fille tient beaucoup d'elle ; Ancel imagina de les charger toutes deux du soin de dénigrer M. Juin ; elles s'en acquittèrent de la manière suivante : Ces deux femmes, la mère et la fille, vinrent toutes deux de Pont-Sainte-Maxence à Verberie pour répandre des infamies contre le nouveau curé ; elles allèrent dans différentes maisons disséminer leur venin. Leurs impostures avaient pour objet de soulever la population contre lui, de le faire chasser ou lapider. Dans l'espérance d'arriver à ce résultat, elles dépeignirent M. Juin comme un voleur de grandes routes, un assassin, un empoisonneur, un enragé, un séducteur de femmes et de filles, comme un homme profondément méchant, en un mot comme un vrai scélérat, généralement détesté par tous les paroissiens qu'il laissait, comme un ennemi public qui cherchait partout à soudoyer des séditions, comme un homme qu'il serait glorieux et nécessaire de massacrer, ou au moins de recevoir à coups de pierres ; comme un impie qui détruisait la religion et la morale ; puis comme un fanatique qui voulait tout assujétir au despotisme des prêtres. Aucune langue n'a d'expressions assez fortes pour retracer toute l'infamie des impostures que ces deux femmes répandirent dans Verberie. De retour à Pont-Sainte-Maxence, la mère alla, le jour de la foire, trouver des marchands de Verberie pour les engager à soulever le peuple; c'est ce qu'atteste entre autres un nommé Emerry Lestocard, marchand de toile : il ajoute que cette femme, dans le dessein de donner plus de poids à ce qu'elle venait de dire, lui envoya des hommes qu'elle avait payés et endoctrinés pour lui confirmer ses calomnies; ces individus se dirent habitans de Mello et des environs, et répétèrent assez bien le rôle que la vieille Farcot, surnommée *la harpie* de Pont, leur avait appris. Le désir de soulever les Verbériens contre M. Juin était si vif, si ardent chez le sieur Ancel et ses complices, qu'ils crurent n'avoir pas encore assez fait pour obtenir ce résultat; ils soudoyèrent trois hommes du peuple de la paroisse de Cires, prêts à tout pour quelques pièces de monnaie; ces âmes de boue vinrent à Verberie dans les auberges sous prétexte de boire et de manger, et en effet pour y décrier M. Juin. Tant de calomnies semées avec une persévérance et un accord infernal firent une vive sensation sur le peuple de Verberie; on ignorait le secret de cette intrigue odieuse; on n'avait aucun motif encore de soupçonner la bonne foi de ces vils calomniateurs. L'agitation fut extrême, on regardait l'arrivée de M. Juin comme une calamité. Le bruit courait qu'il était méchant comme l'enfer, qu'il querellait tout le monde, qu'il s'était battu un dimanche à Mello, sur la place publique avec cinq à six femmes, à la porte même de l'église. On ajoutait encore cent autres absurdités qui toutes avaient pour objet de représenter M. Juin comme un monstre. Ces rumeurs étaient encore renforcées par des lettres anonymes qui arrivaient par tous les couriers, adressées aux principaux habitans de Verberie, par les cabaleurs de Cires et de Mello.

Heureusement que Verberie avait pour maire un homme peu facile à influencer; cet homme estimable est M. Desormes, membre du conseil général, connu par son esprit et son intégrité; il alla lui-même chez ceux des habitans qui faisaient le plus de bruit, et il leur dit qu'avant de juger un homme quelconque, il fallait le connaître. Il communiqua aussi les lettres qu'il avait reçues de l'évêché et de M. Sonthonas, rédacteur du *Patriote de l'Oise*; dans ces lettres on parlait avantageusement de M. Juin, on le présentait comme un sujet distingué, comme un homme bien pensant, et digne de l'estime des honnêtes gens. M. Desroches de Martigny, sous-préfet de Senlis, écrivit aussi en faveur de M. Juin des choses fort honorables. Il avait d'abord eu le projet d'aller en personne présenter cet ecclésiastique à ses nouveaux paroissiens; mais le temps lui ayant manqué, il y suppléa par une lettre. Sur ces entrefaites, les trois commissaires envoyés pour le transport du mobilier de M. Juin, arrivèrent à Verberie, le peuple accourut et les accabla de questions; ils satisfirent à tout en disant ce qu'ils avaient vu, que la population entière abandonnée par M. Juin était dans une désolation profonde, que tous, grands et petits, pleuraient son départ, que les calomnies semées contre lui étaient l'ouvrage d'une cabale infâme, immorale et vindicative. M. Juin arriva peu après : son affabilité, sa douceur, ses manières aisées et paternelles firent tomber tous les propos, on chargea de malédictions Ancel et sa belle-mère, la vieille Farcot, épicière à Pont-Sainte-Maxence : ses démarches parurent odieuses et méprisables; peu s'en fallut que l'autorité ne la poursuivit pour ses diffamations. MM. Desormes, Doutreleau, Defossez et beaucoup d'autres témoignèrent une grande indignation de ces menées exécrables. Les habitans de Mello apprirent bientôt les tentatives d'Ancel et de ses complices. Ils en exprimèrent leur mécontentement en termes significatifs. Ancel, sa femme et ses autres complices furent attaqués dans les rues, et traités avec le plus profond mépris. Le plus jeune des médecins Legrand, fut obligé d'aller se cacher à Paris pendant plusieurs jours, aucun des habitans ne voulait consentir à le voir. La dame Farcot, belle-mère d'Ancel, s'étant avisée de venir à Mello, fut huée, injuriée et poursuivie pendant une demi-lieue; lorsqu'elle passait dans les rues, les enfans lui jetaient de vieux souliers, des chiffons, de la boue. Les conseillers municipaux de Mello, écrivirent au nom de leurs concitoyens, à M. Desormes, maire de Verberie, une lettre où ils exprimaient toute leur indignation de la conduite d'Ancel et de ses complices; leurs regrets du départ de M. Juin, et où ils présentaient cet ecclésiastique comme un homme estimable, doué de talens et distingué par ses vertus; le peuple de Mello ne s'en est pas tenu là. Les élections municipales sont venues, les choix sont tombés sur des hommes de mérite; Ancel et tous ses complices n'ont pu obtenir ses suffrages. Quelle honte, pour cet individu, d'être maire, et de n'avoir pu même être nommé membre du conseil municipal ? Il n'est redevable de cette exclusion déshonorante qu'à la bassesse et à la déloyauté de sa conduite, il ne peut prétexter cause d'ignorance; on lui a fait connaître en face le motif pour lequel ses concitoyens lui refusaient leurs suffrages ; j'ignore comment le sieur Ancel a pris ces nouvelles humiliations et sous quelles couleurs il les aura dépeintes à M. le préfet, son protecteur : quelle qu'audace qu'on lui suppose, il n'aura pu en accuser M. Juin : car cet ecclésiastique est sorti de notre paroisse depuis trois mois, il habite loin de nous, et il n'est point venu nous rendre visite depuis son départ ; sans doute, qu'à défaut d'autre il aura calomnié les candidats élus par le peuple en leur attribuant des intrigues et des violences dont lui seul est coupable.

Après le départ de notre curé, les grands vicaires nous ont laissé sans prêtre jusqu'à ce jour, afin de faire sentir aux deux communes combien l'autorité ecclésiastique était irritée et mécontente de la conduite que l'on avait tenue envers M. Juin. Il est résulté de là que les innocens ont été punis avec les coupables ; le curé de Bury a reçu l'ordre de venir, pendant l'intérim, faire les baptêmes et enterremens. Il s'est présenté à Cires ; les cabaleurs ont dit qu'ils n'en voulaient pas, sans doute, parce qu'ils ne l'avaient pas choisi eux-mêmes. Il est allé à Mello, les habitans ont dit la même chose ; mais ceux-ci alléguaient pour raison qu'il n'avait pas l'air ecclésiastique ; que son ton, ses manières, son costume dénotaient plutôt un marchand de chevaux qu'un prêtre. Il s'est néanmoins obstiné à venir, le dimanche matin, dire une première messe. Personne n'y va ; il faut ajouter que cette répugnance vient du langage peu mesuré que ce prêtre a tenu à l'égard de M. Juin : il s'était mis dans la tête que pour être bien venu des habitans, il fallait caresser la cabale, approuver toutes ses actions, et condamner M. Juin sur tous les points. Un autre ecclésiastique a aussi paru pendant quelques semaines : c'était un parent de Pierre Trouart, nommé Dépuille et professeur au séminaire. C'est, dit-on, un des ecclésiastiques qui ont formé, dans le diocèse, une ligue contre le nouvel évêque nommé par le roi au siége de Beauvais. Nous ne voulons pas qualifier cette conduite, qui nous parait en opposition avec la douceur de l'évangile ; mais nous ajouterons que ce prêtre s'y est pris de la même manière que le curé de Bury ; il n'a pas mieux réussi. Sa partialité à l'égard de M. Juin, a mécontenté tout le monde.

J'ignore quel sera en définitive le successeur de M. Juin ; mais je puis affirmer qu'il sera encore pendant long-temps l'objet de bien des regrets ; il était ici la ressource de tous ceux qui avaient des embarras, des peines et des afflictions. Cela tenait à l'idée qu'on s'était formée de lui. On croyait généralement qu'il savait tout : on venait le consulter sur une multitude d'affaires. On sortait de chez lui avec de bons conseils ; il apaisa de cette manière un grand nombre de contestations entre les familles et les voisins ; on le choisissait pour arbitre, et il accordait ordinairement les parties. On ne saurait dire combien de procès il a empêché de cette manière ; il était rare que l'on refusât de suivre sa décision. Presque tous les jours on venait de fort loin le prier d'écrire tantôt pour une affaire, tantôt pour une autre. Nous allons en citer quelques exemples; à Tillet, hameau de Cires, était un jeune militaire qui avait par raison de santé obtenu un congé d'un an. Ce congé fut renouvelé deux fois, le jeune homme étant dans sa famille, lie amitié avec la fille d'un de ses voisins ; les liaisons se ressèrent de plus en plus. La jeune personne se trouve enceinte : comment faire ? le moment de partir approche ; terrible séparation qui fait couler les larmes des deux amans ! ils ont juré de s'épouser ; mais il faut une permission du ministre de la guerre ! mais qui dressera la demande ? ils ne savent ni lire ni écrire, il en est de même de leurs parens ; les voisins ne s'en trouvent pas capables : à qui s'adresser ? au maire ! il ne veut pas s'en donner la peine : d'ailleurs il ne sait pas un mot de français. Au notaire ? il les fera payer bien cher ; il a la réputation d'être *rapace*, et on est pauvre. « Allons voir M. le curé, il nous » grondera peut-être de notre conduite, mais il est bon, il » ne refusera point de nous obliger, et après tout il est sans » contredit le plus capable, cela est reconnu. » Ils y vont, il faut bien lui tout dire, lui tout avouer ; il écoute sans aigreur, il console les parties et leur donne espérance ; il dresse leur demande au ministre de la guerre : la voici, elle est intéressante.

A M. le Ministre de la Guerre.

Monsieur le Ministre,

Je suis simple soldat depuis 1824 dans le 2e régiment de ligne. Etant tombé malade en 1827, d'une fièvre intermittente, j'obtins, le 29 octobre, même année, un congé d'un an. Comme ma santé a continué d'être toujours languissante, ce congé a été renouvelé plusieurs fois. On m'accorda, par la dernière permission, jusqu'au mois d'avril 1832 ; à cette époque j'espère être rétabli.

Depuis que je suis dans ma famille, j'ai fait la connaissance d'une jeune fille bien née et qui n'est pas sans fortune. Je désire l'épouser. Nos parens réciproques y consentent ; mais je ne puis contracter mariage sans une permission de votre part. C'est pourquoi, M. le Ministre, je vous supplie d'accueillir ma demande. La jeune fille est enceinte. Si je ne pouvais obtenir la grâce que je sollicite de votre excellence, la demoiselle se trouverait deshonorée et son enfant ne serait qu'un bâtard. Si, au contraire, vous daignez m'être favorable, nos deux familles vous en auront de la reconnaissance. Nos pères sont dans la plus vive anxiété, dans l'attente de votre réponse. Si elle est telle que je la souhaite, l'enfant qui est près de naître, aura un nom, et mon épouse future pourra goûter avec moi quelques instans de bonheur. Vous pouvez, M. le Ministre, faire des heureux si vous le voulez, etc.....

Je suis, etc.....

Signé L . . . .

Une autre particulier d'une paroisse voisine, se trouvait dans une position beaucoup plus fâcheuse, il avait été garde forestier d'un riche propriétaire de l'endroit. Il parait, selon quelques personnes, qu'il exerça son métier avec trop de rigueur ; il déplut à quelques voisins aisés, qui étaient dans l'habitude de chasser dans ces bois et d'y envoyer leurs troupeaux ; comme ils n'avaient point de permission et qu'ils agissaient en fraude, le nouveau garde se montra inexorable. Delà vint, s'il faut l'en croire, l'inimitié de ces particuliers. On le dénonce, à plusieurs reprises ; on articule contre lui des choses terribles, enfin il est destitué, soit qu'on lui eut trouvé des torts, soit que ses ennemis eussent été assez habiles pour faire croire à la vérité de leurs accusations. A la nouvelle de sa destitution, le pauvre garde fut attéré, comme d'un coup de foudre ; il tomba malade, et ne se rétablît qu'à grande peine. Lorsqu'on est malheureux, on est sans cesse exposé à de nouvelles afflictions. Quand on le vit destitué, tout le monde se déclara contre lui : ceux qui lui faisaient autrefois bonne mine, lui tournaient le dos. On ne pouvait le souffrir, on lui trouvait mille défauts énormes. Il n'est personne qui le console : abandonné, délaissé, pas un être ne s'intéresse à lui dans l'univers ! Quelle position pour un homme profondément affligé ! C'était un homme grand et robuste. Le chagrin l'avait réduit à rien. Ajoutez à cela qu'il n'avait pas de quoi exister, et qu'il ne pouvait trouver d'ouvrage nulle part. Où sont vos certificats?-lui répondait-on partout, puis comme il ne pouvait en montrer, il était tristement éconduit. Que faire dans une si déplorable situation? se détruire ou se mettre à voler! Non, il n'en fera rien, il repousse ces affreuses idées. Il pense à fléchir son maître, c'est un honnête homme, il a de la religion, il est connu par son équité et sa bienfaisance; mais il faut que quelqu'un s'interpose entre le maître irrité, et le serviteur qui s'abaisse. Il va trouver M. Juin, c'est la ressource de tous ceux qui n'en ont point d'autres, M. Juin prend pitié de lui et lui donne quelques paroles de consolation.... qu'elles lui parurent douces! il y avait si long-temps qu'il n'en avait entendues!... M. Juin écrit en sa faveur la lettre suivante:

Monsieur,

Le pauvre D.,...., votre ancien garde-bois est dans un état de désespoir qui me touche. Il paraît qu'on l'a accusé, auprès de vous, de méfaits horribles. Les informations que j'ai prises rendent pour moi ces accusations plus que douteuses. Une autre preuve qui m'a déterminé à croire à son innocence, c'est un certificat qui vient de lui être délivré par le conseil municipal de Cramoisy et les notables de la même commune. Je vous demande grâce pour cet infortuné qui pleure nuit et jour. Mon caractère, qui me fait un devoir de consoler les malheureux, vous fera sans doute excuser ma démarche. Je sais, Monsieur, que vous avez de la religion. Votre cœur devra donc être accessible à la pitié. D'ailleurs, les pièces que je viens de vous citer, doivent au moins rendre à vos yeux les accusations douteuses. Or, d'après les lois divines et humaines, lorsqu'il y a doute, le jugement doit être en faveur du prévenu.

D..... vous prie, Monsieur, de le reprendre à votre service, en qualité de garde en second, ou au moins de lui délivrer un certificat qui puisse lui permettre de se placer autre part. Le peu de terre qu'il a ne lui suffit point pour exister sans un emploi quelconque. La seconde faveur qu'il vous supplie de lui accorder, il a la confiance de l'obtenir de votre générosité, s'il ne peut prétendre à la première. Remarquez que renvoyé par vous sans aucune attestation, c'est un déshonneur qui l'humilie aux yeux de ses concitoyens, et que cette espèce de flétrissure pèse chaque jour sur lui de tout le poids de l'infamie. Je me joins à lui pour solliciter de votre part, une recommandation telle que votre conscience vous permettra de la faire.

Je suis avec, etc.

JUIN, *curé de Mello.*

La réponse ne fut point favorable, le maître ne crut pas pouvoir faire ce qu'on lui demandait, mais les autres attestations que M. Juin avait fait obtenir au pauvre homme, le consolèrent beaucoup. Je pense qu'elles suffiront pour le faire placer ailleurs.

Nous pourrions citer d'autres exemples, nous n'aurions que l'embarras du choix ; mais ce que nous avons cité suffit. Le lecteur comprendra sans peine que M. Juin doit être regretté et qu'il mérite de l'être. Nous savons qu'il est bien à Verbière et que ses paroissiens l'aiment sincèrement. Cette pensée adoucit notre affliction. Ceux d'entre nous qui ne peuvent se consoler de son départ, vont le voir. Déjà grand nombre d'entre nous ont fait le voyage et sont revenus contens ; il reçoit bien tout le monde, surtout ses anciens paroissiens. On dit là comme on disait autrefois ici : « Cet homme a trop de talens : nous ne pourrons le garder, » on nous l'enlèvera pour le mettre dans une place plus im- » portante. » il n'y avait pas encore un mois qu'il était à Mello, que c'était l'opinion générale. Le parent de madame Seillière, M. Augustin Gibert, ancien receveur-général de Brest, disait lui-même à cette époque : « M. Juin est un » homme d'un grand mérite, et je ne pense pas qu'il reste » à Mello ; il est en état de gouverner un évêché. » Les personnes auquel il tenait ce discours, existent encore parmi nous à Mello. Si M. Gibert partageait l'opinion du peuple sur M. Juin, pourquoi a-t-il souffert que sa parente se laissât endoctriner par les ennemis de cet ecclésiastique ? S'il eût pris sa défense, il est à croire que nous le posséderions encore, et nous lui en aurions une bien vive reconnaissance. Mais l'esprit de parti et la haine qui en est la suite, ont toujours été plus actifs qu'une stérile admiration.

FIN.

TABLE DES MATIÈRES.

FIN DE LA TABLE.